全国科普创作与产品研发示范团队作品

求知阶梯系列

距离课堂最近的权威读物
影响孩子一生的阅读经典

充满魅力的语言

刘兴诗 黄寰 / 主编

青少年百科图书馆

科学性 趣味性 文学性

父母送给孩子最好的人生礼物

培养参与性，训练逻辑思维力和表达力，
激发想象力，挖掘探索力和创造力。

APGTIME 时代出版
时代出版传媒股份有限公司
安徽教育出版社

图书在版编目（CIP）数据

充满魅力的语言 / 刘兴诗，黄寰主编．—合肥：安徽教育出版社，2015

（青少年百科图书馆）

ISBN 978-7-5336-8072-5

Ⅰ．①充…　Ⅱ．①刘…②黄…　Ⅲ．①英语 - 青少年读物　Ⅳ．① H31-49

中国版本图书馆 CIP 数据核字（2015）第 203457 号

充满魅力的语言

CHONGMAN MEILI DE YUYAN

出 版 人：郑　可
质量总监：姚　莉
策划编辑：胡延东　杨多文　徐宝妹
责任编辑：周　佳
装帧设计：戴　军
责任印制：王　琳
出版发行：时代出版传媒股份有限公司　安徽教育出版社
地　　址：合肥市经开区繁华大道西路 398 号　邮编：230601
网　　址：http：//www.ahep.com.cn
营销电话：（0551）63683011，63683013
排　　版：北京名壹堂图书有限公司
印　　刷：三河市腾飞印务有限公司
开　　本：660mm × 960mm　1/16
印　　张：12
字　　数：178 千字
版　　次：2017 年 3 月第 1 版　2017 年 3 月第 1 次印刷
定　　价：28.80 元

序 言

我们从呱呱坠地开始，就与这个浩瀚的宇宙有了质的接触，在与这个万花筒似的世界建立密切关系的过程中，我们会发现各种有趣的事物，接收到不同学科的知识。随着人类科技的发展，广阔飘渺的宇宙俨然成了一本供世人阅读的活页大百科全书，等待人们去探索，去学习，去掌握，去开拓。“青少年百科图书馆”丛书力求贯彻国家课程标准和各项专题教育纲要的精神，内容深入浅出，集知识性、趣味性、文学性为一体，以诙谐有趣的口吻、简洁规范的文字、精美生动的插图为读者呈现科普知识的饕餮大餐，这些科普知识与中小学各学科内容紧密结合，有助于提高中小学生的科学素养和人文素养。

本丛书内容丰富，有趣味盎然的古老传说、文笔优美的名人轶事、引人入胜的科学小实验、简明的知识等。为了让读者能够轻松地阅读，快乐地学习，积极地思考，丛书的每一篇文章都有紧扣课程标准的“知识点”、开拓视野的“知识链接”、培养探索能力的“动动手”以及扣人心弦的手绘插图四个部分，让读者在循序渐进的阅读过程中与科普进行深层次的精神交流，同时激发读者对科普的热情，培养读者对科普的兴趣。

本丛书共计 19 本，取材广泛，知识新颖，分为两个系列：“快乐学堂系列”“求知阶梯系列”，文字累计超过 300 万字。“快乐学堂系列”有 10 本，读完这一系列读物，将有助于你拥有健康的心灵（心理健康教育），理解诚信的真谛（诚信教育），具备初步的法律意识（法律），了解安全自救的基本知识（安全教育），增强对中国文化的美好情感（语文），懂得生命在于运动（体育），务实英文学习基础（英语），树立环保意识（环境教育），养成懂礼貌的好习惯（礼仪教育），展开科学之旅（科学）。“求知阶梯系列”有9本书，读完这一系列读物，你可以学习交谈的艺术（礼仪教育），爱上诚信这个朋友（诚信教育），体会弹指一挥间的快乐（体育），找到快乐的源泉（心理健康教育），接触生态建筑（生物），进入立体世界（数学），触摸穿越时空的门（物理），感受世界各地的魅力（英语），找准自己的目标（思想品德）。

在中国科协项目、四川省科技计划科普培训项目、四川省科协项目和成都市科协项目等的支持下，来自全国科普创作与产品研发示范团队“成都理工大学刘兴诗工作室”、成都理工大学四川省哲学社会科学普及基地、成都理工大学大学生记者站、四川创新区域经济研究院、四川省科普作协、成都市科普作协等部门众多一线教学工作者和有着丰富写作经验的科普作者经过两年多的精心策划和编纂，“青少年百科图书馆”系列图书终于与读者见面了。同时，丛书的所有绘图也得到了成都崇州市艺林美术学校支持，由其组织供稿。作者团队殚精竭虑，在参考众多文献的基础上，尽量使丛书反映出当代科学发展的最新信息，但是由于精力和水平有限，书中难免出现些许瑕疵，望读者不吝赐教，以便我们不断改进。

刘兴诗

2016年7月

目　录

第1章

希腊神话

灾难与和平

知识点

诺亚方舟（Noah’s Ark）与和平鸽和橄榄枝（peace dove and olive branch）是来自于《圣经》中的传说。

诺亚方舟 (Noah's Ark) 是《圣经》中的一艘根据上帝指示修建的大船，为了让诺亚、他的家人、世界上各种陆上生物能够躲避一场大的洪水灾难而造。在这样一场灾难中，叼着橄榄枝的鸽子被当作和平的象征。

诺亚方舟

诺亚方舟是出自基督教圣经的《创世纪》中的一个传说（legend）。由于偷吃禁果，Adam 和 Eve 被逐出了伊甸园（the Garden of Eden）。Adam 活到了 930 岁，他和 Eve 有无数子女，遍布整个大地。后来，该隐（Cain）杀害了自己的弟弟，开创了人类相互残杀的先例。上帝认为人类打上了原罪（original sin）的烙印，他气愤地诅咒（curse）大地。人们只有付出艰辛的劳动才能果腹，因此怨恨与恶念与日俱增。上帝的喜怒无常使得人类无法准确地判断是非，人们开始无休止地相互残杀、争斗、掠夺，人世间的暴力（violence）到了无以复加的地步。

上帝看到这一切，对人类犯下的罪孽感到十分不满。上帝说：“我要将所造的人和走兽（beast）、昆虫（insect）以及空中的飞鸟都从地上消灭。”而在所有人中，只有诺亚在上帝眼前蒙恩。上帝认为他很守本分，他的三个儿子在他的严格教育下也没有误入歧途。于是，上帝选中了诺亚一家——诺亚夫妇、他的三个儿子以及他们的妻子作为新一代人类的种子

保存下来。上帝告诉他们七天之后就要实施大毁灭（destruction），要他们用歌斐木造一只方舟，里外抹上松香（colophony）。这只方舟要长 300 肘（古代长度单位，1 肘 =0.44 米）、宽 50 肘、高 30 肘。方舟上边要留有透光的窗户，旁边开一道门，要分上中下三层。看到方舟造好了，上帝就对诺亚说："我要让洪水（flood）在地上泛滥，毁灭天下，凡地上有血肉、有气息的活物无一不死。我还要与你立约，你同你的妻子、儿子、儿媳都要进入方舟。凡洁净的畜类，你要带七公七母；不洁净的畜类，你要带一公一母；空中的飞鸟也要带七公七母。这些都可以留种，将来在地上繁殖。"2 月 17 日那天，诺亚 600 岁生辰，海洋的泉源都裂开了，巨大的水柱从地下喷射而出；天上的窗户都敞开了，大雨日夜不停，下了整整 40 天。水无处可流，迅速上涨，比最高的山巅都要高出 15 肘。凡是在陆地上靠肺呼吸的动物都死了，只有方舟里的人和动物的种子安然无恙。方舟载着上帝的厚望漂泊在无边无际的汪洋大海 (ocean) 上。

和平鸽和橄榄枝

和平鸽和橄榄枝（peace dove and olive branch）也是来源于这个故事。洪水汹涌，一共泛滥了 150 天。上帝惦记着诺亚方舟和里面的生灵，于是把雨停住，水势渐落。但是水退得很慢，雨停了很久还是看不到一片陆地。7 月 17 日，方舟停搁在亚拉腊山 (Mountain Ararat，位于土耳其东部) 上。10 月 1 日，山顶大都露出了水面。又过了 40 天，诺亚打开了方舟的窗户（window），放出一只乌鸦 (crow)，以便了解能否找到陆地。因为找不到落脚休息的地方，那只乌鸦飞回来了。他又放出一只鸽子（dove)，但是鸽子也飞回来了。又过了 7 天，诺亚再次把那只鸽子放了出去。傍晚时分，鸽子噙着一个橄榄枝（olive branch）飞回来了，这意味着大地某个地方露出了旱地。后来洪水全退了，大地干了。这就是今天人们把叼着橄榄枝的鸽子当成平安（safe）、和平（peace）的象征 (symbol) 的原因。

第二年，1 月 1 日，诺亚撤去方舟的盖子，看到地面已经变干了，他和家人走出方舟，并把方舟上的动物也都放了出来。诺亚筑了一座祭坛 (altar)，将各类洁净的牲畜飞鸟供在坛上，奉献给上帝，以感谢他赐生

之恩。上帝赐福给诺亚和他的儿子们说："把你带上方舟的各种鸟兽爬虫都放出来吧，让它们繁衍，遍布全世界吧。凡地上的走兽和空中的飞鸟都必定惧怕你们，地上所有的昆虫和海里全部的鱼儿也都交付到你们手中。凡活着的动物，都可以作你们的食物，这一切我都赐给你们。如同蔬菜（vegetable）一样。唯独肉带着血，那是生命，你们不可吃，让你们流血、夺去你们性命的，无论是兽是人，我必讨他的罪孽，连自己的兄弟也是如此。你们要生养众多，在地上昌盛繁茂。"因为这道诫命，世界上信仰上帝的人大都不以动物的血或血制品为食。

知识链接

歌斐木，又名神树、雪松等，是一种柏树，饱含树脂。这种多树脂的木材，能耐水，能抵挡洪水的侵袭。

动动手

大家知道了吧，鸽子是和平的象征，我们要爱护它，也要爱护其他小动物。

特洛伊战争

知识点

Helen of Troy 直译为“特洛伊的海伦”，比喻“红颜祸水”、“倾国倾城”。Greek gift（s）直译为“希腊人的礼物”，比喻“存心害人的礼物”。Trojan Horse直译为“特洛伊木马”，比喻“木马计、内奸、暗藏的危险”。

大家知道特洛伊战争吗？英语中所用的一些表达方式就是来源于这一场长达十年之久的战争。

特洛伊的海伦

Helen of Troy 直译为“特洛伊的海伦”，源自《荷马史诗·伊利亚特》中的希腊神话故事。Helen是希腊的绝世佳人，美艳无比，嫁给希腊南部邦城斯巴达国王墨涅俄斯（Menelaus）为妻。后来，特洛伊王子帕里斯奉命到希腊，在斯巴达国王那里做客，他在爱与美之神阿芙罗狄蒂的帮助下，趁着墨涅俄斯外出之际，诱走海伦，还带走了很多财宝。此事激起了希腊各部族的公愤，墨涅俄斯发誓要夺回海伦，报仇雪恨。为此，在希腊各城邦英雄的赞助下，他调集数万大军和战船，组成希腊联军，由墨涅俄斯的哥哥阿伽门农（Agamemnon）任联军统帅，浩浩荡荡，跨海东征，攻打特洛伊城，企图用武力夺回海伦。

双方大战十余年，死伤无数。最后希腊联军采用了足智多谋的奥德

修斯（Odysseus）的“木马计”，里应外合才攻陷了特洛伊城。希腊人进城后，大肆杀戮，帕里斯王子也被杀死，特洛伊的妇女、儿童全部沦为奴隶。特洛伊城被掠夺一空，烧成了一片灰烬。战争结束后，希腊将士带着大量战利品回到希腊，墨涅俄斯抢回了海伦，重返故土。正是由于海伦，特洛伊城遭到毁灭，正所谓“倾国倾城”，由此产生了“Helen of Troy”这个成语。

中国历史上也有过“妲己亡商”、“西施沼吴”等传说，以及唐明皇因宠爱杨贵妃而招致的“安史之乱”，吴三桂“冲冠一怒为红颜”等说法。汉语成语“倾国倾城”（语出《汉书·外戚传》：“一顾倾人城，再顾倾人国”）中的“倾”字一语双关，既可指美艳非凡，令人倾倒；也可指倾覆邦国，其含义与 Helen of Troy 十分近似。在现代英语中，Helen of Troy 这个成语，除了表示 a beautiful girl or woman；a beauty who ruins her country 等意义外，还可以用来表示 a terrible disaster brought by somebody or something you like best 的意思。

希腊人的礼物

Greek gift（s）直译是“希腊人的礼物”，出自《荷马史诗·奥德赛》以及古罗马杰出诗人维吉尔（公元前 70 年—公元前 19 年）的史诗《伊尼特》中关于特洛伊城陷落历史的叙述。

由于希腊人攻打特洛伊城久攻不下，他们使出“木马计”——将一些希腊勇士藏进木马里，全体希腊将士随后伪装撤退，木马则被置于特洛伊城外。特洛伊人误认为希腊人已经败退，打开城门，看到城外的巨大木马，以为这是希腊人敬神的“祭品”。当特洛伊人要把木马拖进城的时候，祭司

拉奥孔（Laocoon）劝说不要接受希腊人留下的东西。他说："我怕希腊人，即使他们来送礼。"译成英语就是：I fear the Greeks，even when bringing gifts. 其简化形式就是 Greek gifts。可惜特洛伊人不听拉奥孔的警告，把木马作为战利品拖进城里。

木马里藏着希腊的士兵，他们里应外合，对特洛伊人进行了大屠杀。由此，Greek gift 成为一个成语，表示 a gift with some sinister purposes of the enemy；one given with intent to harm；a gift sent in order to murder somebody 等意思，按其形象意义，这个成语相当于英语的俚语：When the fox preaches，take care of your geese，也就是汉语所说的"黄鼠狼给鸡拜年——没安好心"。

看到这里，大家应该明白了，Greek gift（希腊人的礼物）确实不是什么好东西。看来，收礼物时，可真得提防那些"存心害人的礼物"！另外，The Trojan Horse 也是来自于这场战争，直译为"特洛伊木马"，后来经过不断引用而成为一个广泛流传的成语，常用来比喻 the hidden danger；the covert wreckers（内奸）；to engage in underhand activities 等意义。

知识链接

《特洛伊》（Troy）是由 Wolfgang Petersen（沃尔夫冈·彼德森）导演的关于特洛伊战争的电影。

动动手

了解了这个故事，也学到了英语，记得讲给大家听吧！

潘

知识点

潘(Pan)是希腊神话中的牧羊神，a freedom of Pan就是来源于他，意指“逍遥自在”、“无拘无束”等。

在希腊神话中，有一位叫作“潘（Pan）”或者“潘尼亚（Pania）”的头上长角、半人半羊的牧羊神。据《荷马史诗》记载，潘刚出生时，他的母亲看到儿子长着山羊的蹄子和角，还有一张毛茸茸的脸蛋，就被吓得弃子而逃。但是，他的父亲赫耳墨斯（Hermes，奥林匹斯山十二主神之一、畜牧之神、路人保护神、商人庇护神、雄辩之神、宙斯儿子兼信使）并没有嫌弃他，将他用一张兔子皮包裹起来，带至诸神经常聚会的奥林匹斯山上。诸神都很喜欢他，并给他起名“潘（Pan）”，暗含“所有”、“全部”、“每一个”、“一切”的意思——因为每一个人都喜爱他。

挑战阿波罗

怪模怪样的Pan并没有在奥林匹斯山上和众神同住，而是去了绿树成荫的森林。Pan无忧无虑、活泼好动，后来他成了狄俄尼索斯的一名随从。他欢呼雀跃地穿梭在森林里，有时候跨过高山，有时候在洞穴里驻足小憩，有时候追逐嬉戏山林的女神们，并吹奏着他最喜爱的笛子（flute）——牧羊神之笛（Panpipe）。Pan最自负的就是拥有吹奏笛子的高超本领，为了证明自己，他向太阳之神阿波罗（Apollo）提出了挑战。比赛在特墨洛斯山坡上进行，由山神担任评判。Pan第一个出场，用牧笛吹奏出悦耳的声音，柔和地在特墨洛斯山间回荡。身穿紫色长袍、头戴桂冠的阿波罗在Pan演奏完后，不紧不慢地拨动了自己的琴弦。昂扬的琴声传到四面八方，整个山谷鸦雀无声，旋律像波浪般不断涌向四周，洋溢着令人心醉神迷的美感。最终山神们裁定阿波罗获胜，战败的Pan闷闷不乐地躲到树林深处，林木间传出他幽怨的笛声。不过，Pan很快就忘记了那些不开心的事，重新振作了起来，因为他遇到了英俊的、和他一样爱好音乐的达佛尼斯。

正因为Pan是这样一个闲游山林的顽皮神仙，经常都是开开心心的，所以人们就用“a freedom of Pan”来表达“无拘无束”、“无忧无虑”、“逍遥自在”的意思。比如：During the vacation，we enjoyed a freedom of Pan.（放假的时候，我们享受了一段逍遥自在的生活。）因为Pan是神仙，所以也可以直接译为“像神仙一样逍遥”之类的地道汉语。例如：The boys and girls enjoyed a freedom of Pan last summer vacation.（去年暑假，孩子们度过了一段神仙般逍遥的时光。）

词汇解说

之前说到Pan暗含“所有”、“全部”、“每一个”、“一切”的意思，因此在英语中，“pan”就表示“全”、“总”、“整个”或者“泛”等意义。例如，“panacea”就有“治百病的灵药”、“灵丹妙药”之意（Technology is not a panacea for all problems. 技术不是解决一切问题的灵丹妙药）；“panorama”就有“全景画”、“全貌”或者“全景”之意（He looked out over a panorama of fertile valleys and gentle hills. 他眺望着那一片肥沃山谷和平缓山脉）；“Pan-American”就有“泛美的”、“全美洲的”或者“美洲各国的”之意；“Pan-Americanism”指“泛美主义”、“泛美主义者”或者

"泛美运动"；"pangenesis" 指"泛生论"；"Pantheon" 指"万神殿"；"pantheism" 指"泛神论"。像这样的英语词汇还有很多，大家要注意把握它们的规律，方便记忆。

另外，由于牧羊神 Pan 外貌古怪，正如其母被惊吓一样，一般人不是神，见到其模样也都会被吓到，而且他还经常用自己的古怪长相和奇特声音恐吓路人和羊群取乐，让人们或者羊群惊慌不已。所以，由他的名字"Pan"产生了既可用作形容词（adjective）又可用作名词 (noun) 的"panic（惊慌、恐慌）"。"panic"还可以用作动词 (verb)，其现在分词形式是"panicking"、过去式和过去分词均为"panicked"。例如：Rumors panicked many investors into selling their shares. 谣言造成许多投资者恐慌性抛售股票。

知识链接

狄俄尼索斯（Dionysus）是古代希腊色雷斯人信奉的葡萄酒之神，他不仅握有葡萄酒醉人的力量，还因布施欢乐与慈爱在当时成为极有感召力的神，他推动了古代社会文明的发展并确立了法则，维护着世界的和平。此外，他还护佑着希腊的农业与戏剧文化。古希腊人对葡萄酒之神的祭祀是秘密宗教仪式之一。

动动手

希望大家在记住这些英语单词的同时，也能像 Pan 一样，开开心心、无忧无虑！

阿克琉斯

知识点

"Achilles' heel"或者"the heel of Achilles"指"致命的弱点"等意思；"Achilles' spear"比喻那些既伤害了人又能救人的事物。

Achilles（阿克琉斯，也译作阿基里斯）是海洋女神忒提斯（Thetis）与国王佩琉斯（Peleus）的儿子。他战无不胜，历来以勇气、俊美和体力著称，荷马在《伊利亚特》（*the Iliad*）中花了很大篇幅对他进行描写。

阿克琉斯之踵

"Achilles' heel"或者"the heel of Achilles"就是源于由《伊利亚特》和《奥德赛》（*the Odyssey*）两部史诗构成的《荷马史诗》（*the Homeric Hymns*）所讲述的希腊神话故事。

根据《伊利亚特》的记载，阿克琉斯（Achilles）是特洛伊战争（the Trojan War）中希腊联军的英雄和猛将。据传，Achilles的母亲忒提斯（Thetis）是海洋女神，众神之王即天神宙斯（Zeus）和海神波塞冬（Poseidon）都曾想娶她为妻。可是，听说了忒提斯的儿子必定强过父亲而且注定短命后，他们都不敢娶她。后来，忒提斯与密尔弥冬（Myrmidon）国王佩琉斯（Peleus）结婚。忒提斯相信孩子出生后立即到冥河（the Styx）浸洗可以刀枪不入。因此，在Achilles呱呱坠地后，忒提斯就急急忙忙抱着他赶到冥河边，将其浸入河水中，而且果真凡浸洗之处都是刀枪不入，这在冷兵器时代就意味着可以战无不胜。可是，忒提斯忙中出错，唯独忘记浸洗她手握之处即 Achilles 的脚后跟（heel），从而给 Achilles 留下了致命隐患。

在特洛伊战争中，Achilles 率领密尔弥冬王国的军队，英勇善战，所向披靡，长驱直入，无人能敌。就在众人束手无策的时候，特洛伊王子帕里斯（Paris）从太阳神阿波罗（Apollo）处得知，Achilles 的脚后跟是其致命的弱点，于是对准他的脚后跟处施放暗箭，导致 Achilles 阵亡。这就是西方谚语“阿克琉斯之踵”的来源。它指“致命的弱点”、“唯一的弱点”、“最大的缺点”或者“薄弱环节”等意思。这个神话故事以及由此产生的英语词汇，告诉人们一个道理，世上根本没有不死的战神，任何强者都会有致命弱点，更何况是凡人。记住，当初 Achilles 只有一个脚后跟——就是被他母亲抓着的那个，没有被冥河水浸湿，所以 heel 一定是单数噢！

阿克琉斯之矛

大家对 Achilles 一定非常熟悉了，之前我们已经说到了关于他的一则习语“Achilles’ heel”，下面的这则习语则与他使用的矛有关。

据希腊神话记载，密西亚国王忒勒福斯（Telephus）曾被 Achilles 的矛所伤，很久都没有愈合。阿波罗神谕告诉忒勒福斯，只有造成这种伤害的人才能治好这种创伤。可是，刺伤他的青年英雄 Achilles 却不清楚该如何治疗。后来有位医生根据阿波罗神谕，从 Achilles 的矛尖上刮了少许的铁锈 (rust) 下来，敷在忒勒福斯的伤口 (wound) 上，他的伤口便很快愈合了。因此，人们用 Achilles' spear 来比喻那些既能伤人又能救人的事物。

一起来看看下面这句话吧：That gold must round engirt these brows of mine，whose smile and frown，like to Achilles' spear，Is able with the change to kill and cure (William Shakespeare，*Henry Ⅵ*). 那顶金冠应该束

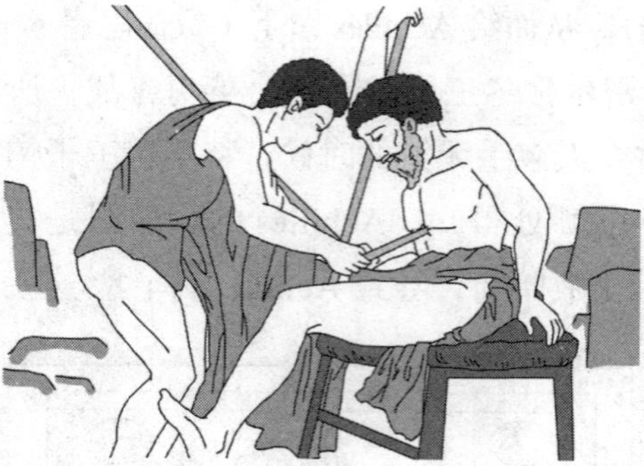

在我的顶上，我的一喜一怒，如同阿克琉斯的长矛一样，能致人死命，也能救人活命（莎士比亚《亨利六世》）。

另外，由于 Achilles 的死与“脚踵”的受伤有关，后代的解剖学家（anatomist）就把脚后跟叫作阿克琉斯肌腱。所以，人体一个很重要的肌腱——跟腱，就是以他的名字命名的。在英文中，跟腱叫“calcaneal tendon”，也可以被称作“Achilles’ tendon”。

例句点津：

例 1：What’s his Achilles’ heel？他的最大问题是什么？

It’s that he is so fond of powers as to go to every expedient. 他就是过于贪权而不择手段。

例 2：The shortage of fortitude is his Achilles’ heel. 缺乏毅力，就是他的最大缺点。

知识链接

冷兵器时代（the cold war era），指从远古时兵器由生产工具分化出来，也就是兵器发明开始，到火药发明并使用于战争的这段时期。

冷兵器（cold weapon）的性能，基本都是以近战杀伤为主。在冷兵器时代，兵器只有量的提高，没有质的突变。火器时代开始后，冷兵器已不是作战的主要兵器，但由于它的特殊作用以及在各国、各地区的发展进程不同，一直沿用至今。

动动手

大家在今后的人生道路上要注意扬长避短。

宙斯和潘多拉

知识点　宙斯（Zeus）是希腊神话中的主神。潘多拉（Pandora）即为“拥有一切天赋的女人”。

在西方流传很久，脍炙人口，耳熟能详的童话、神话及寓言是人类智慧的结晶，是西方文化的丰富载体之一，它们的源头无疑要追溯到希腊文化，而希腊神话是其最大的成就。

宙斯——众神之王

宙斯（Zeus）是希腊神话中的主神，是第三任神王，是奥林匹斯山（Olympus）的统治者。作为天空的主宰，Zeus 负责降雨（rain）、干旱（drought）和雷暴（thunderstorms）。没人敢挑战他的权威地位，因为他可以用他那可怕 (fearsome) 的雷电来表达自己的不满以维护和平 (keep the peace)，维持秩序 (maintain order)。Zeus 是克洛诺斯（Cronus）和瑞亚（Rhea）之子。瑞亚生了许多子女，但每个孩子一出生就会被克洛诺斯吃掉。当瑞亚生下宙斯时，她用布裹住一块石头谎称是新生的婴儿，克洛诺斯将石头吞下肚里。于是，Zeus 躲过一劫，他被送到克洛诺斯的姐姐宁芙女神（Nymph，美丽的水中女神，水精灵的代表，司掌水元素）那里抚养。Zeus 长大成人后知道了自己的身世，决心救出自己的同胞兄弟。他娶聪慧女神墨提斯（Metis）为妻，听从妻子的计谋，引诱父亲克洛诺斯服下了催吐药，克洛诺斯服药后不断呕吐，把他腹中的孩子们都吐了出来。为了酬谢 Zeus，宙斯的兄弟们同意把最具威力的武

器——雷电赠给他。

Zeus 对其父的暴政极为反感，他联络众兄弟对其发起了一场战争。宙斯为了尽快取胜，听取了兄弟普罗米修斯 (Prometheus) 的建议，放出了囚禁在地下的独眼巨人和百臂巨灵，借助他们非凡的力量，宙斯和他的兄弟们终于取得了胜利。他们的父亲和泰坦众神被送进了地狱（hell）的最底层。伟大的胜利之后，普罗米修斯提出用抓阄来决定谁做王。最终，宙斯做了天上的王，波塞冬做了海里的王，哈迪斯做了地狱的王。

Zeus 坐镇奥林匹斯山，拥有无上的权力（power）和力量（strength），他是正义（justice）的引导者，对人类的统治公正不偏。他的劝告不易理解，他的决定不可改变，他的意愿是神圣的、智慧的。

潘多拉

普罗米修斯从天上盗取火种送给人类，人类学会了使用火，最高统治神 Zeus 十分恼火，为了抵消火给人类带来的巨大好处，他决定要让灾难（disaster）降临人间。

Zeus 首先命令火与锻冶神赫淮斯托斯（Hephaestus）用水和土按女神

的形象做出一个可爱的女性；再命令爱与美女神阿弗罗狄忒（Aphrodite）淋上香味；智慧与工艺女神雅典娜（Athena）教她织布，制造出各种颜色的美丽衣裙，使女人看起来更加迷人（fascinating）；赫尔墨斯（Hermes）授予她语言天赋；众神给她穿衣打扮，头戴发带（这条发带是火神赫淮斯托斯的作品）、颈配珠链，打扮得美如新娘。汉密斯出主意说："叫这个女人潘多拉（Pandora）吧，是诸神送给人类的礼物。"众神都赞同他的建议。古希腊语中，"潘"是所有的意思，"多拉"则是礼物。"潘多拉"即为"拥有一切天赋的女人"。

Zeus 于是命令赫尔墨斯把她带给普罗米修斯（Prometheus）的弟弟"后觉者"埃庇米修斯（Epimetheus）做他的妻子。普罗米修斯曾劝告他说："如果宙斯送你任何东西都绝不能接受。"可是埃庇米修斯忘记了他的警告，禁不住潘多拉的诱惑，沉迷于美色，娶了美丽的潘多拉。

Zeus 给潘多拉一个密封的盒子，里面装满了疾病、灾难和瘟疫（pestilence）等，让她送给娶她的男人。潘多拉被好奇心驱使，打开了那只盒子，里面所有的疾病、灾难和瘟疫立刻都飞了出来。人类从此饱受疾病、灾难和瘟疫的折磨。而智慧女神雅典娜为了挽救人类命运而悄悄放在

盒子底层的"希望"还没来得及飞出盒子，惊慌万分的潘多拉就把盒子关上了。

知识链接

1. 泰坦是希腊神话中曾统治世界的古老的神族，这个家族是天穹之神乌拉诺斯（Uranus）和大地女神盖亚（Gaea）的后代，他们曾统治世界，但被宙斯家族推翻并取代。

2. 奥林匹斯山坐落在希腊（Greece）北部，近萨洛尼卡湾，是塞萨利区与马其顿区间的分水岭（watershed）。其米蒂卡斯峰，高2917米，是希腊最高峰。它是由非洲（Africa）大陆与欧亚大陆（Eurasia）挤压而成的，是奥运（Olympic）圣火的精神源头。奥林匹斯山是古希腊成为欧洲文化发源地不可缺少的元素，是西方文明起源之地，也是希腊神话（Greek mythology）之源。

动动手

看到这些故事，是不是觉得希腊神话故事非常有趣呢？大家多多了解并讲给同学们听听。

丘比特

知识点 丘比特(Cupid)一直是人们所熟知的爱情象征，是希腊神话中的爱神。

说到 Cupid，你是不是就会想到一个长着翅膀、拿着箭飞来飞去的小孩？的确，相传 Cupid 是一个顽皮的（mischievous）小神，有非常美丽的金发（blond hair），他和母亲一起主管人和神的爱情（love）和婚姻（marriage）。据说他的箭一旦射到青年男女的心上，他们便会相爱。在罗马神话中，他是维纳斯（Venus）的儿子，名字就是我们所熟知的 Cupid。但是在古希腊神话中，他叫 Eros，是爱与美的女神阿芙洛狄忒（Aphrodite）与战神阿瑞斯（Ares）的小儿子。在这里我们就叫他 Cupid 了，而关于 Cupid 的传说也是很多的，一起来看看吧。

普绪克和丘比特

希腊有一个不出名的小城邦，那里的人们非常爱美，那个地方也一直得到爱与美之神维纳斯（Venus）的喜欢。在那个城里到处都有 Venus 的庙宇，人们非常敬重她。但是从某一年开始，Venus 的庙宇开始被冷落了，去那里祭献的人越来越少，后来甚至到了门可罗雀的地步。Venus 看到这样的情况十分生气，于是她就到城邦里去查看。

原来这个城邦的国王有三个女儿（daughter），小女儿普绪克（Psyche）长得十分美貌，人们就把她当作女神 Venus 一样崇拜，Venus 出于嫉妒（envy），就让 Cupid 去惩罚（punish）她。结果 Cupid 不小心

被自己的箭射中而爱上了 Psyche，并与她结为夫妻。Psyche 在神殿里过着优裕的生活，只是她不能看到 Cupid 的模样。她的两个姐姐嫉妒她的生活，就骗她说 Cupid 是个恶魔，并且怂恿（instigate）她晚上去偷看他。出于好奇，Psyche 就在晚上点上油灯去看 Cupid，结果发现他是个英俊少年。Cupid 被惊醒后，愤怒地离开了，神殿也随之消失了。

Psyche 到处寻找 Cupid，来到了 Venus 的神殿。Venus 为了使她消失，就给她布置了一连串的任务（task），一个比一个危险（dangerous）、艰难（difficult）。在最后一项任务中，Venus 给了 Psyche 一个空盒子，让她交给普洛塞尔皮娜（Proserpine，冥府的王后），并带回一盒子美貌。一路上她获得了各种提示，避开了冥界的种种凶险。她还受到警告说千万不要打开盒子，但是她没能抵制住诱惑（temptation），打开了盒子。原来里面装的是睡眠鬼，它从盒子中出来附在了 Psyche 身上，使她变成了睡尸。Cupid 发现了变成睡尸的 Psyche，就召回了睡眠鬼，让它重新回到盒子里。经历了这么多，Cupid 和 Venus 都原谅了 Psyche。众神也被她感动了，便封她为女神，赐她长生不老（immortality）。

阿波罗和达芙妮

Cupid 的箭是有区别的，分为金箭和铅箭。被金箭射中的人们就会产生爱情，而且一定会相亲相爱，甜蜜快乐。如果铅箭射中，人们就会拒绝爱情。

有一次，阿波罗（Apollo）看到小爱神 Cupid 正拿着自己的弓箭玩，他毫不客气地警告 Cupid：“弓箭是很危险的东西，小孩子不要随便拿来玩。”Cupid 被 Apollo 这么一说，心里很不服气，就趁着 Apollo 不注意的时候，把金箭射向阿波罗。被箭射中的阿波罗心中立刻对爱情有了强烈的渴望，正巧这个时候，来了一个名叫达芙妮（Daphne）的美丽少女，调皮的 Cupid 就把一支铅箭射向了 Daphne。这时候，Apollo 已经深深地爱上了 Daphne，就对她表示爱慕，可是 Daphne 却不接受，并向山谷里飞奔而去。Apollo 拿着竖琴，弹出优美的曲子。躲在山里的 Daphne 听到了这优美的琴声，也不知不觉陶醉了。她走了出来，却看到了 Apollo，于是拔腿就跑。Apollo 在后面苦苦追赶，并且大声叫喊，Daphne 当作没听到，继续往前飞奔。不过，Daphne 跑得再快，也跑不过 Apollo，跑了很

久，她已经跑得筋疲力尽，上气不接下气。最后，Daphne倒在地上，眼看Apollo就要追上了，她急得大叫："救命啊！救命啊！"河神听见了她的求救声，立刻用神力把她变成一棵月桂树（laurel）。Apollo看到了这一切，十分伤心地抱着月桂树哭泣。虽然Daphne已经变成了月桂树，但是阿波罗依然爱着她，变成月桂树的Daphne被深深地感动了。也许是因为Apollo的祝福，月桂树终年常青，是一种很受人们喜爱的植物。

人们说爱情要靠缘分（destiny that ties people together），据说是因为Cupid是蒙着眼睛（blindfolded）射箭的。爱神的箭是所有的神和人都无法抵挡的，很多的爱情故事都是因它而起。

知识链接

阿波罗是古希腊神话中最著名的神之一，也是十二主神之一。我们通常认为他是太阳神，其实真正的太阳神是赫利俄斯。

动动手

关于阿波罗的故事还有很多，例如阿波罗与太阳战车，大家自己找来看看吧。

伊阿宋

知识点

伊阿宋（Jason，也译作杰森）是古希腊的神话人物，是希腊神话中夺取金羊毛的主要英雄。

伊阿宋是埃宋（Aeson）的儿子，克瑞透斯（Cretheus）的孙子。克瑞透斯在帖撒利（Thessaly）的海湾建立了城池和爱俄尔卡斯王国，并把王位传给了儿子埃宋。埃宋是个明君，人民安居乐业。后来，埃宋的弟弟佩利阿斯（Pelias）篡夺了王位。埃宋死后，他的儿子伊阿宋逃到了喀戎（Chiron）那里。喀戎在古希腊神话中是著名的教育家（educationist），培养了许多杰出的人才。喀戎知道了伊阿宋的经历后，决定将他培养成才。而为了要回王位，伊阿宋答应帮佩利阿斯取得金羊毛。

金羊毛

在希腊，有很多关于金羊毛的传说，金羊毛被看作稀世珍宝，许多王公贵族和勇士都想要得到它，但是却几乎没有人成功。我们先来看看金羊毛的来历吧。

传说俄耳科墨诺斯国王阿塔玛斯（King Athamus）有两个孩子——儿子佛里克索斯（Phrixus）和女儿赫勒（Helle）。由于阿塔玛斯娶了另外一个女人为新的王后，新王后很不喜欢阿塔玛斯的两个孩子，就想尽各种办法陷害他们，佛里克索斯也因此受到被宠爱的新王后的虐待（maltreat）。俄耳科墨诺斯那时候正好遇到了灾难，处于困难的境地。有一天，新王后对国王说，她得到了神谕，只有将他的儿子佛里克索斯作为祭品献给诸神，

才能使俄耳科墨诺斯摆脱正在遭受的灾难。面对灾难毫无办法的国王信以为真，就决定牺牲（sacrifice）自己的儿子以换取整个国家的安宁。

佛里克索斯的亲生母亲涅斐勒是一位云神，她知道了儿子处于危险之中，就决定搭救他。在姐姐赫勒的帮助下，佛里克索斯从宫中逃了出来。涅斐勒从众神的使者、亡灵接引神赫耳墨斯那里得到过一个礼物——金毛羊，于是就派它去就救自己的子女。金毛羊驮着姐弟俩飞向遥远的地方。在飞行的途中，姐姐赫勒不小心从羊背上坠落下去，掉在了大海里淹死了，之后那个海就称为赫勒海。佛里克索斯则平安地到达黑海沿岸的科尔喀斯（Colchis，今天的高加索地区）。太阳神的儿子埃厄忒斯国王知道了他的悲惨经历后就收留了他，并给予热情的接待，后来还把女儿卡尔契俄柏许配给了他。那只金毛羊在完成了涅斐勒交给的任务后，被作为祭品献给了宙斯。佛里克索斯把它身上的金羊毛作为礼物献给国王埃厄忒斯，国王又将它转送给战神阿瑞斯，将其挂在战神阿瑞斯的圣林中，由一条从不睡觉的会喷火的恶龙看守着。据说他还收到神谕，神告诉他，他的生命跟金羊毛紧紧地联系在一起，金羊毛存则他存，金羊毛亡则他亡。于是金羊毛就这样成为珍宝。后来它不仅象征着财富，还象征着冒险和不屈不挠的意志，象征着理想和对幸福的追求。

智取金羊毛

金羊毛是很多人都想拥有的，所以无数有志向得到它的英雄豪杰都为此而踏上了艰险的历程。但是珍贵的东西往往都不是那么容易得到的。有很多人都没能到达它所在的地方，更还没有见到传说中的宝物就在漫长的路途中倒下了。尽管如此，还是有很多人跃跃欲试。不同于他人的是，伊阿宋不是为了自己的欲望，而是为了要回属于自己的王位才去寻找金羊毛的。为了达到目的，伊阿宋请了很多朋友来帮忙。在智慧女神雅典娜的帮助下，希腊最优秀的匠人阿耳戈斯（Argus）为他制造了一艘十分耐用的名叫“阿耳戈”号的大船，它在海水中不会被腐蚀（corrode）。在一个风和日丽的清晨，伊阿宋带着五十名桨手出发了。历经千难万险，他们终于到达了科尔喀斯。

伊阿宋拿着象征和平的橄榄枝走进王宫觐见国王埃厄忒斯，他向国王说明来意，国王要求他做到两件事才会把金羊毛给他。第一件事是黎明时驾着两头凶猛无比的神牛去耕种四亩贫瘠的土地，并在土地上撒下一种可怕的毒龙的牙齿。到了晚上地里会收获凶恶的武士，必须用剑把他们全都杀死。第二件事是在挂着金羊毛的树林里，有一条巨大的毒龙日夜守候

着，要想办法制服它，才能取得最后的成功。伊阿宋知道这两件事都是非常艰难的，否则金羊毛也不会保存到现在。就在众人都很担心的时候，国王的女儿美狄亚（Medea）出现了。原来美狄亚被伊阿宋的英雄气概所吸引，并且毫不犹豫地决定帮助他。

第二天，伊阿宋擦了美狄亚给他的神药，在众人的见证下完成了第一件事情，并决定当晚就去取金羊毛。伊阿宋带着宝剑，俄耳甫斯（Orpheus）拿着他的七弦琴随着美狄亚出发了，最后来到一棵橡树（oak）下，橡树顶上金光闪闪的正是无数人为之心动的金羊毛。树下的毒龙睁着一双永不闭合的眼睛警惕地巡视着。俄耳甫斯用他的琴声使毒龙放松警惕，伊阿宋拿到了金羊毛且成功地躲过了国王的追兵，搭上“阿耳戈”号胜利返航了。

知识链接

俄耳甫斯：他的父亲是太阳神兼音乐之神阿波罗，母亲是司管文艺的缪斯女神卡利俄帕，所以他生来就具有非凡的艺术才能。传说他的琴声能使人和神闻而陶醉，就连凶神恶煞也不例外。伊阿宋取金羊毛时，正是靠着他的琴声制服了守护羊毛的毒龙。

动动手

伊阿宋和美狄亚的故事也流传了很久，找一找讲给朋友听吧。

普罗米修斯

知识点　在希腊神话中，普罗米修斯不仅创造了人类，还为人类盗取了火种，因此受到了宙斯的惩罚。

在希腊神话中，创造人类的是普罗米修斯（Prometheus），他是泰坦神族的神明之一。普罗米修斯是天父乌拉诺斯（Uranus）与地母盖亚的女儿忒弥斯和伊阿佩托斯（Iapetus，希腊神话中的十二提坦神之一）的儿子，他的名字的意思是“深谋远虑”、“先见之明（forethought）”。普罗米修斯创造了人类，同样也因为给人类盗取火种而受到了惩罚。

创造人类

在希腊神话中，创造人类的是普罗米修斯（Prometheus），他是泰坦神族的神明之一。普罗米修斯是天父乌拉诺斯（Uranus）与地母盖亚的女儿忒弥斯和伊阿佩托斯（Iapetus，希腊神话中的十二提坦神之一）的儿子，他的名字的意思是“深谋远虑”、“先见之明（forethought）”。

传说当时的大地上长满了花花草草，各种各样的动物遍地都是，

唯一缺少的就是可以统治地球，让大地更加充满生机的人类。普罗米修斯来到大地上，在河的岸边用泥巴（mud）根据神的形象捏出了一个人。看着可爱的小泥人，普罗米修斯很高兴，就又捏出了许多相同的泥人。但是问题却随之而来：怎样才能使这些泥人具有生命呢？普罗米修斯虽然从各种动物身上提取了不同的特性（different characters）注入泥人的身体，例如狮子（lion）的勇猛、狗的忠诚（loyalty）、狼的贪婪（greed）等，但是泥人还是没有成为真正的人，因为他们缺少灵气。这时，普罗米修斯的朋友——智慧女神雅典娜，一直在奥林匹斯山上惊奇地看着他所做的这一切。当她看到普罗米修斯似乎不知道该怎么办时，就从山上下来，把神所具有活力的呼吸吹进他们的口中。于是，那些泥人获得了聪明（brightness）和理智（intellect），成为真正的人。

人被造出来了，但是他们就像刚出生的孩子一样，无法识别和理解（understand）大地上的一切。普罗米修斯就担当起了教师（teacher）。他把所有对人类有用的，能使人类幸福的东西都教给了他们，例如建造房屋，打造并使用工具，观察日月星辰的运行等。人们对此充满感激（appreciation），就用爱和忠诚来报答他。宙斯是宇宙间的主宰，普罗米修斯创造的人类也被他和奥林匹斯山上的诸神看在眼里。他们要求人类必须服从和敬奉他们，同时他们也会保护人类和人类的财产（property），人的劳作也会获得收获。普罗米修斯始终在保护人类，不让诸神损害人类的利益，却也因此得罪了宙斯。

盗取火种

普罗米修斯因为维护人类的利益得罪了宙斯，作为对他的惩罚，宙斯拒绝将火种（kindling）给予人类，而火种是人类创造文明（civilization）所需要的最后一样东西。但是，聪明的普罗米修斯很快就想到了办法，他用一根长长的茴香枝，在烈焰熊熊的太阳车经过的时候偷到了火种并把它给了人类。宙斯知道后十分愤怒，他命令火神赫淮斯托斯（Hephaestus）给予普罗米修斯最严厉的惩罚。其实火神

还是很佩服普罗米修斯的，就劝他还回火种并且向宙斯承认错误，那样就有可能免去惩罚。但是普罗米修斯坚定地认为他是为人类造福，没有什么错，就拒绝了火神的好意。火神不敢违背宙斯的命令，就和他的两个仆人强力（克拉托斯）和暴力（比亚）把普罗米修斯带到了高加索山（Caucasus Mountains）。不幸的普罗米修斯被一条永远也挣脱不了的铁链牢牢地束缚在高加索山陡峭的悬崖（cliff）上。他被笔直地吊在那里，永远不能入睡，疲惫的双膝也不能弯曲，因为他的双手、胳膊、肩膀和两条腿都被铁链牢牢地缚住，胸脯上还钉着一颗金刚石的钉子。普罗米修斯忍受着风吹、雨淋、饥渴、炎热和寒冷。除此之外，宙斯还派一只神鹰每天去啄食他的肝脏，白天肝脏被神鹰吃完，晚上又会重新长出来。就这样，日复一日，年复一年，普罗米修斯承受着无尽的折磨和痛苦，但是为了人类的幸福，他始终没有屈服（surrender）。这样的日子持续了三十年后，终于有一位叫赫拉克勒斯（Heracles）的英雄来到这里，他是一个神箭手，百发百中。他用弓箭射死了神鹰，打开了铁链，将普罗米修斯救了出来。

因为普罗米修斯给人类带来了火种，古希腊在举办奥运会（Olympic Games）时都要点燃圣火。圣火象征着和平、光明、团结与友谊等意义，也是为了纪念为人类盗得火种的普罗米修斯。1934 年，国际奥委会（International Olympic Committee，简称 IOC）决定在奥运会期间，主会场要点燃奥林匹克圣火，火种采自古奥运遗址——奥林匹亚，以火炬接力的形式传至主办城市。

自此之后，在奥运会中，火炬传递和点燃圣火成为不可缺少的重要环

节。在1936年的柏林奥运会上，圣火接力仪式首次举行，奥运火炬第一次在奥运历史上燃起。

知识链接

奥林匹克运动会（简称奥运会）是国际奥林匹克委员会主办的包含多种体育运动项目的国际性运动会，每4年举行一次。19世纪末，在法国贵族顾拜旦及其他奥运先驱者的努力下，现代奥林匹克运动终于登上历史舞台，顾拜旦则被人们誉为“现代奥林匹克之父”。奥运会的标志——奥运五色环象征着五大洲的团结。

动动手

了解一下2012年伦敦奥运会。

赫拉和波塞冬

知识点 赫拉和波塞冬都是希腊神话中地位比较高的神。

希腊神话中有很多神，赫拉和波塞冬都是其中比较重要的。赫拉是主神宙斯的妻子，主管婚姻和家庭，而波塞冬作为伟大而威严的海王，掌管环绕大陆的所有水域。

赫拉

赫拉（Hera）是古希腊神话中奥林匹斯十二主神之一，主管婚姻（marriage）和家庭（family），是主神宙斯的妻子，被尊称为“神后”。在奥林匹斯山上，赫拉的地位仅次于主神宙斯。而在罗马神话中，神后是朱诺（Juno）。作为天后的赫拉经常以战服的装扮出现，头上戴着镶有花叶的冠冕（crown），手里拿着一把钢刀，威风凛凛。常常跟随在赫拉左右的是季节女神奥雅丝、社交女神卡莉丝和彩虹女神伊里斯。

我们先来看看赫拉和孔雀的故事吧。有一天，孔雀（peacock）找到赫拉，向她诉说夜莺（nightingale）以悠扬（melodious）、动听的（fair-sounding）歌声深深地打动了人们的心，大家都十分喜爱她。而她一开口唱歌，就会遭到听众们的嘲笑（ridicule）。赫拉安慰她说：“虽然你的声音没有夜莺的好听，但是你的外表和身材（figure）是出类拔萃的（outstanding）。你的脖子上有绿宝石（beryl），闪耀着光辉；你开屏时，羽毛（feather）更是光彩照人，华丽富贵。”孔雀说：“既然在歌唱上我远远比不上他人，这种无言的美丽，对我又有什么用呢？”赫拉回答

说："每个人都有自己的命运（destiny），这是由命运之神所注定的。他注定了你的美丽，老鹰的力量，夜莺的歌唱，乌鸦的凶兆。所有鸟类都应该满意神所赋予他们的东西。"

这个小故事是说，人不仅要接受自己的优点（advantage），也要接受自己的缺点（disadvantage），任何事和任何人都不可能是十全十美的。

俄里翁（Orion）是海神波塞冬的儿子，生性骄傲自大。赫拉为了惩罚他，就派了一只巨大的蝎子（scorpion）蜇了他。俄里翁打死了蝎子，但自己也因中毒而亡。海神为了纪念儿子，就把他放到天上成了猎户星座。赫拉也把蝎子放到天上，成了天蝎座。北半球（northern hemisphere）的人们可以在冬天看到猎户星座，在夏天看到天蝎星座，这两个星座一升一降，就好像是互相追逐驱赶。

波塞冬

波塞冬（Poseidon）也是希腊神话中的主神之一，是天神宙斯的哥哥。他是掌管海洋和湖泊的最高神祇，管理着环绕大陆的所有水域，拥有强大的法力。他的罗马名字是涅普顿（Neptune），是八大行星中的海王星。波塞冬手里经常拿着三叉戟（trident），这也成了他的标志。当他挥动三叉

戟时就能引起海啸（tsunami）和地震（earthquake）；当他愤怒时海底就会出现怪物。但是，他的象征物是圣兽海豚（dolphin），却又显示出海的宁静（tranquility）和波塞冬亲切的神性。爱琴海（Aegean Sea）附近的希腊海员（sailor）和渔民（fisher folk）都极为崇拜他。

传说波塞冬与宙斯一同战胜了父亲克洛斯之后，他们三兄弟通过抓阄（lot）的方式划分了势力范围。宙斯获得了天空，哈得斯屈尊地下成为冥王，波塞冬就成了大海和湖泊的君主。但是波塞冬，是个野心勃勃的（ambitious）人，并且天性好战（bellicose）。虽然他表面上不得不尊重宙斯的主神地位，但是心里却很不服气，不满足于他所拥有的权力。他曾经密谋（plot）要夺取宙斯主神的宝座，但是阴谋（conspiracy）没能得逞，就被赶往人间服侍一位凡人。后来在阿波罗的帮助下，他替拉俄塞冬国王修筑了著名的特洛伊城墙。

波塞冬还曾经与雅典娜争夺雅典，可惜最后还是输给了雅典娜。因为对此十分生气，他竟然用洪水淹没雅典。在争夺雅典时，他变出第一匹马，所以他也是马匹的保护神。安菲特里忒（Amphitrite）是波塞冬的合法妻子。据说波塞冬看到安菲特里忒和她的姐妹们在纳克索斯岛

（Naxos Island）玩耍，就情不自禁地爱上了她，并且抢走了她。有神话记载，安菲特里忒其实并不想嫁给波塞冬，所以她向阿特拉斯（Atlas）求助，并被藏了起来。但是她的藏身之处很快被圣兽海豚发现了，它领着波塞冬找到了安菲特里忒。波塞冬很感激海豚，就把它变成了一个星座（constellation）——海豚星座，让它永生不朽。就这样，波塞冬和安菲特里忒结婚了，他们有三个孩子：特里同（Triton）、罗得以及本塞西库墨（Benthesicyme）。

知识链接

1. 阿特拉斯是希腊神话里的擎天神，属于提坦神族。他因反抗宙斯失败被宙斯降罪用双肩支撑苍天。

2. 奥林匹斯十二主神：宙斯、赫拉、波塞冬、阿瑞斯、赫耳墨斯、赫斐斯托斯、阿佛洛狄忒、雅典娜、阿波罗及阿尔忒弥斯是常常出现的十位。赫斯提亚本来是十二主神之一，但为了与凡人一起生活，她把她的主神位置让了给狄俄尼索斯。德米特尔为了要与在冥界的女儿珀尔塞福涅一起生活，就把她的主神位置让给了冥王哈得斯。

动动手

找资料了解一下其他的奥林匹斯神吧。

第2章

西方主要节日

圣诞节

知识点

就像中国的春节（the Spring Festival）一样，圣诞节（Christmas Day）在西方国家是个非常重要的节日，也是一个家庭团聚的喜庆节日。

圣诞节，这个名称是“基督弥撒”的缩写。弥撒是教会（church）的一种礼拜仪式（church service），圣诞节是一个宗教节。因为把它当作耶稣（Jesus）的诞辰——12 月 25 日来庆祝（celebrate），因而又名耶诞节。这一天，世界上所有的基督教会都会举行特别的礼拜仪式。由于圣经记载耶稣生于夜间，故传统称 12 月 24 日夜为“圣诞夜”或“平安夜”。而在庆祝圣诞节的时候，圣诞老人与圣诞树是必不可少的，一起来了解一下吧。

圣诞老人

关于圣诞老人（Santa Claus）的传说在数千年前的斯堪的纳维亚半岛就已经出现。传说 Santa Claus 是一位专门为孩子在圣诞节前夜送上礼物的神秘人物。在平安夜，Santa Claus 会驾乘由 12 只驯鹿（reindeer）拉的雪橇（sledge），挨家挨户地从烟囱（chimney）爬进屋里，然后偷偷把礼物放在孩子们床头的袜子里或者圣诞树（Christmas tree）下。也有民间传说记载圣诞老人原来的名字叫做尼古拉（Nicola），生活在公元 4 世纪，出生在小亚细亚巴大拉城，家庭富有。他的父母亲是非常热心的天主教徒（catholic），但不幸的是父母早逝。尼古拉长大以后，便把丰富的财产全部捐送给贫苦可怜的人，自己则出家修道，献身教会，终生为社会服务。尼古拉后来做

了神父，而且还升为主教。他一生当中，做了很多慈善的工作，最喜欢在暗中帮助穷人，圣诞老人是他后来的别号，这个名字是出自他暗中送钱，帮助三个女孩的故事。

随着时代变化，作家和艺术家开始把 Santa Claus 描述成我们今日熟悉的穿红装、留白胡子的形象。同时不同的国度和文化对 Santa Claus 也有了不同的解释。在德国，传说他扮成圣童把坚果和苹果放在孩子们的鞋里。Santa Claus 乘双轮马车四处漫游，观察人们的行为，尤其是小孩。表现好的孩子将会得到苹果、坚果、糖等诸多奖品，坏孩子则得一鞭子。家长们灵机一动纷纷采用此传说来鼓励孩子们听话。很有趣吧！

如今，圣诞节已经成为西方国家一个大众化的节日。圣诞老人已经成为圣诞节的象征（symbol）和传统（tradition）。他赶着驯鹿，拉着装满玩具和礼物的雪橇挨家挨户给每个孩子送礼物的快乐精灵形象已深深地留在人们的记忆中。

圣诞树

大家看见过美丽的圣诞树吗？圣诞树（Christmas tree）可是圣诞节最有名的传统之一。近代圣诞树起源于德国（Germany），德国人于每年 12 月 24 日在家里布置一株枞树（伊甸园之树），将薄饼干挂在上面，象征圣饼（基督徒赎罪的标记）。近代改用各式小甜饼（cookie）代替圣饼，还常加上蜡烛（candle）。

在西方国家，不论是否是基督徒，每家每户过圣诞节时都要准备一棵圣诞树，并用圣诞灯和彩色的装饰物作装饰（decorate），一般有各种灯饰、彩花、玩具、星星，还有各种圣诞礼物，再把一个天使（angel）或星星（star）放在树顶上，以增加节日的欢乐气氛。圣诞树一般是用杉柏

之类的常绿树做成，象征生命长存。圣诞之夜，人们围着圣诞树唱歌跳舞，尽情欢乐。美国的白宫（the White House）放置圣诞树的传统是开始于1889年，美国总统（president）本杰明·哈里森（Benjamin Harrison）第一次将圣诞树放置在白宫二楼的椭圆形室里，从那以后，美国总统的圣诞节家庭聚会成了一个国家的传统。德国《图片报》盘点了世界上最大的几棵圣诞树，在吉尼斯世界纪录（Guinness World Record）中，世界上最大的圣诞树位于意大利（Italy）小镇古比奥。这棵高650米的圣诞树没有针叶，它其实是一座无数灯泡妆点起来的小山峰。而在日本东京（Tokyo）的赤阪王子饭店，有一颗由灯光构成的100米高的圣诞树。

大家在圣诞节的时候会相互祝福，一般要说 Merry Christmas（圣诞快乐）！

知识链接

圣诞歌曲

Silent Night《平安夜》

Jingle Bells《铃儿响叮当》

When Christmas Come To Town《当圣诞节降临在小镇》

Angels We Have Heard on High《天使歌唱在高天》

动动手

关于圣诞节，欧洲各地的特色也有所不同，大家有兴趣可以多多了解。收集并了解西方国家过圣诞节的各种习俗，制作一张圣诞卡片（Christmas card ）送给好朋友吧！

万圣节

知识点

万圣节（Halloween）是西方国家的传统节日，有着悠久的历史，在现代社会它成了一个孩子们的节日，也是年轻人的化装舞会。

在西方国家，每年的 10 月 31 日被称为“Halloween”，辞典解释为“The eve of All Saints’ Day”，中文译作“万圣节之夜”。万圣节是西方国家的传统节日，传说这一夜是一年中“闹鬼”的一夜，所以也叫“鬼节”。

万圣节起源于古凯尔特人（ancient Celtic）的新年——萨温节（Samhain）。在凯尔特人的信仰中，萨温节是新的一年的开始，即每年的 11 月 1 日，萨温节就是他们的新年。凯尔特人相信死亡之神 Samhain 在 10 月 31 日的晚上会和鬼魂一起重返人间，寻找替身。因此他们点燃火炬（torch），焚烧动物以作为对死亡之神的献礼，还会用动物的头或皮毛做成的服饰打扮自己，发出古怪的声音，使死亡之神认不出自己，避过灾难。这就是今天万圣节化装舞会的由来。过了当晚，鬼魂回到阴间，一切恢复平静。

“不给糖就捣乱”

“不给糖就捣乱”（“Trick or Treat”）的游戏习俗起源于爱尔兰，也有说不是起源于爱尔兰，而是公元 9 世纪的欧洲基督教会。那时的 11 月 2 日，被基督徒们称为“All Souls Day”——万灵之日。在这一天，信徒们

跋涉于僻壤乡间，挨村挨户乞讨用面粉及葡萄干制成的“灵魂之饼”。据说捐赠糕饼的人家都相信教会僧人的祈祷，期待由此得到上帝的佑护，让死去的亲人早日进入天堂。古代的爱尔兰异教徒（pagan）相信，在万圣节前夜鬼魂（disembodied spirits）会群集于家附近，并接受设宴款待。因而，在“宴会”结束后，村民们就自己扮成鬼魂精灵的样子，在村子外面游走，以便引导鬼魂离开，避邪免灾。同时村民们也都会在家的周围摆放水果及其他各种食品，让鬼魂吃饱喝足，使它们不会伤害人类和动物或者掠夺其他收成。

后来，这一习俗一直延续下来，就成了孩子们提着南瓜灯笼挨家挨户讨糖吃的“Trick or Treat”游戏。敲开门时，打扮成鬼精灵模样的孩子们都会发出“不给糖就捣乱”的威胁（threat），而主人一般都不敢也不会怠慢，会把糖果放进孩子们随身携带的大口袋里。如果大人不款待他们，就会被捉弄，例如在门把手上涂上肥皂，给小狗或小猫涂上颜色。

在苏格兰（Scotland），孩子们要糖果时会说：“The sky is blue，the grass is green，may we have our Halloween.”（天是蓝色，草是绿色，齐来庆祝万圣节前夜），然后以唱歌跳舞等表演来博得糖果。

南瓜灯

用南瓜（pumpkin）雕制南瓜灯（Jack-O'-Lanterns）也是万圣节的一个传统，它的起源也要追溯到爱尔兰，但是相关的故事却不止一个，我们在这里就说其中一个吧。

看南瓜灯的名字就知道它和 Jack 有关，的确是这样。故事是说一个名叫 Jack 的人，喜欢喝酒而且爱搞恶作剧。有一天 Jack 把恶魔骗上了树，随即在树桩上刻了个“十”字，恐吓恶魔令他不敢下来。然后 Jack 就与恶魔约法三章，让恶魔答应施法让 Jack 永远不会犯罪，才会让他下树。恶魔就这样脱身了。Jack 死后，其灵魂却既不能上天堂又不能下地狱，无处可归的他只好把恶魔给的一小块炭火放进一个有许多洞的白萝卜（Chinese white turnip）中来照亮路面，在天地之间徜徉。后来爱尔兰人用马铃薯（potato）或是大头菜做成灯笼，而这个习俗传到美国后，人们发现圆圆胖胖的南瓜更适合当空心灯笼，所以现在的万圣节道具之一——Jack-O'-Lantern 就是用南瓜做的。

其实南瓜灯的制作一点也不麻烦：首先切开南瓜的顶部，把里面的瓜子和瓜瓤小心掏出来，在南瓜内腔底部通常会有芥蒂组织，一定要弄

平，以便最后在里面放置蜡烛。然后用笔在南瓜上画出你喜欢的样子，用刀子沿着笔迹切割挖空。最后在里面固定一只漂亮的蜡烛，点着，这就完工了！万圣节是西方的“鬼节”，所以它的象征物大都以鬼怪、魔兽为主题（theme），但是现代意义上的万圣节更多的是含有喜庆的意味。那些恐怖的鬼怪都以可爱又古灵精怪的模样出现，人们充分发挥自己的想象力（imagination）与创意（originality），尽可能地将自己打扮得与众不同，这个节日也变得更有趣了。

知识链接

1. 万圣节歌曲：《This Is Halloween》。

2. 凯尔特是欧洲古代文明之一，是与古希腊罗马文明圈相对应和并存的。在罗马帝国时代，北方的日耳曼人和凯尔特人被并称为蛮族，他们之间存在频繁的冲突与碰撞。

动动手

你是不是也想要做一个南瓜灯呢，试试吧，自己做的会更可爱哦！

复活节

知识点

复活节（Easter Day）是基督教纪念耶稣（Jesus）在十字架受刑死后复活的一个宗教节日（religious holiday）。

《圣经·新约全书》记载，Jesus 被钉死在十字架，第三天身体复活，复活节（Easter Day）就是由此而来的。基督徒认为，复活节象征着重生（rebirth）与希望（hope），它是在每年春分月圆之后的第一个星期天，大致是在 3 月 22 日至 4 月 25 日之间，是西方的一个重要节日。

复活节彩蛋

“复活节彩蛋”（Easter egg）也叫复活蛋，是复活节里最重要的食物象征，意味着生命的开始与延续。12 世纪时，人们在庆祝复活节时加入了鸡蛋，并把它涂成红色或者绘成彩色，所以后来就称之为“复活节彩蛋”（Easter egg）。蛋的原始（primitive）象征意义是“春天——新生命的开始”。基督徒（Christian）则用它来象征“耶稣复活、走出石墓”。

关于复活蛋的来源，有不同的传说，其中之一是说来自圣女玛利亚玛达琳娜（Marry Magdalena）。她在耶稣死后，获得当时罗马帝国凯撒提庇留的邀请（invitation）出席晚宴。宴会期间，玛利亚捧着一只鸡蛋说：“耶稣复活了！”在场所有的人都笑她，提庇留更是说：“假如耶稣真的复活了的话，玛利亚手上的蛋会变成红色。”这时玛利亚把手打开，鸡蛋果然变成了红色。后来，人们为了纪念耶稣基督受难时所流的鲜血，便将鸡蛋染成红色来庆祝复活节。其后，慢慢形成了将蛋染成彩色的传统。在复

活节时，信徒们（followers）会把蛋涂成红色，请神父（priest）祝圣，将其当作礼物送给朋友，这应该是送彩蛋的最早起源。

在节日期间，人们按照传统习俗（traditional customs）把鸡蛋煮熟后涂上红色或绘成彩色，大家三五成群地聚在一起，用彩蛋做游戏。人们把彩蛋放在地上或土坡上滚动，最后谁的彩蛋先破裂了就成为获胜者，胜利者可以得到所有参与游戏的人的彩蛋。人们相信，彩蛋在地上来回滚动可以使恶魔备受煎熬。别看游戏非常简单、普通，就连白宫也会在复活节时组织这个游戏，只不过是在草坪（lawn）上而已。

复活节兔子

复活节的另一象征是小兔子，原因是它具有极强的繁殖（reproduce）能力，人们视它为新生命的创造者。作为多产动物的兔子，象征了春天的复苏和新生命的诞生。依据欧洲古老的传说，野兔（hare）是一种终日不闭眼的动物，它们能在黑夜里观看四周其他动物。因此，野兔就代表着黑夜中一轮皎洁的（bright and clear）明月。再加上复活节日子的计算以春分月圆为基准，于是就将春天繁殖力强的野兔视为复活节的一个象征。

不知道大家有没有听过一句俗语叫做“疯狂如三月的兔子”，说的是在早春的时候，野兔会变得十分疯狂。雄兔常常为了与雌兔进行交配而彼此激烈争斗。与此同时，雌兔通常也会不断拒绝雄兔，使得配对的行为看起来像一场疯狂的舞蹈，这样的场面让早期的观察者认为是春季的到来让野兔们有些疯狂。雌性可以在怀第一窝小兔子的时候同时怀上第二窝小兔（两窝小兔将分别出生），这种现象被称为异期复孕。由于兔类的繁殖能力极强，在一年内可产下几窝小兔，所以兔子成为丰饶多产的代表（representative）。即使如此，关于复活节中能下蛋的兔子这一说法出自何处，至今仍然没有明确统一的说法，有可能就如复活节本身，是一种传统的沿袭。在日耳曼人的语言中，“复活节”一词来自于一个古代的异教女神——春季女神，传说她曾经救了一只在寒冷的冬季被冻伤翅膀的小鸟，并将它变成了一只兔子。由于它曾经是一只鸟，因此依旧保留了生蛋的能力，它就是后来的复活节兔子。

复活节兔子这一习俗传入美国后，美国人还为兔子取了一个可爱的名字，叫它复活节的邦尼兔（Bunny）。根据美洲的传统，复活节兔子会在复活节那天早晨给乖孩子送一篮子的礼物，通常包括彩蛋和各式各样的巧克力（chocolate）和糖果（candy），孩子们有时候也会给兔子准备胡萝卜

（carrot）。另外，在复活节这一天到处都可以见到漂亮的百合花，迷人的（charming）百合花象征着神圣和纯洁。在西方国家，人们都喜爱在春季、复活节左右的时候寻找盛开的百合花，来代表心中耶稣基督的圣洁。特别是白色的铁炮百合花在基督教中更是被视为“复活之花”，是复活节中不可缺少的花卉，所以它的英文名字也就叫作 Easter Lily。

知识链接

复活节岛：在烟波浩渺的南太平洋上，有一个面积仅为 165 平方公里的小岛——复活节岛，它以神秘的巨石人像和奇异的风情吸引着无数游人。复活节岛是智利的一个小岛，距智利本土 3600 多公里。据说，这个小岛被发现的那天正巧是复活节（1722 年 4 月 5 日），于是这个无名小岛就被命名为复活节岛。1888 年，智利政府派人接管该岛，说来也巧，这天又正好是复活节。

动动手

看着那么漂亮的彩蛋，是不是也想自己做一个呢？试一试吧。

感恩节

知识点

感恩节（Thanksgiving Day）是每年11月的第四个星期四，是美国和加拿大共有的节日。

感恩节（Thanksgiving Day）是美国（America）人民独创的一个具有悠久历史的节日，是美国人合家欢聚的时刻。感恩节的由来要追溯到1620年——美国历史的发端，著名的“五月花号”（Mayflower）船满载不堪忍受英国国内宗教迫害的102个清教徒（Puritan），在大西洋（the Atlantic）上航行了将近两个月，终于在1620年11月11日（December 11th）结束了66天的漂泊到达普里茅斯岩（Plymouth Rock，美国马萨诸塞州普利茅斯港的一块大岩石）。1620年和1621年之交的冬天异常寒冷，他们遇到了巨大的困难（difficulty），最终，只有50多个移民（pilgrim）幸存（survive）了下来。当地的印第安人给了他们一些生活必需品（necessities），并且教他们狩猎（hunting）、捕鱼（fishing）、种植玉米（Indian corn）等生存技能。

火鸡

那些移民在安顿好新家以后，为了感谢在危难之时帮助、支援过他们的印第安人，同时也感谢上帝对他们的“恩赐”，就在11月的第四个星期四，将猎获的火鸡制成美味佳肴，盛情款待印第安人，并与他们举行了联欢活动，庆祝持续了三天。从那以后，每年11月第四个星期四都要举行这样的庆祝活动，除了享受美味的火鸡，移民们还和印第安人在一起举办射箭、跑步、摔跤等竞赛活动，夜晚还围着篝火尽情唱歌跳舞，共享欢乐。

于是，后来在美国一年一度的感恩节大餐上，火鸡成为传统主菜。多以烤火鸡（roast turkey）为主，配以填料和酱汁，佐以开胃菜（appetizer）、蔓越莓酱（cranberry sauce）、蔬菜（vegetable）、土豆泥（mashed potatoes）或糖烤红薯、面包、饮料，以南瓜派或红薯派为甜点。其中最经典（classical）的要数火鸡、蔓越莓酱和南瓜派，这三种菜肴的原料都原产自北美洲，不但有很长的历史渊源，而且也有很高的营养价值。

火鸡原是栖息于北美洲的野禽，后来人们大批饲养，就成为餐桌上的美味家禽，每只可重达四五十磅。现在有些地方仍然设有猎场，专供人们在感恩节前射猎。有兴趣的人可以花钱到猎场亲自打几只野火鸡回家，使感恩节变得更富有情趣。火鸡的吃法也有一定讲究：火鸡被端上桌后，由男主人（host）用刀切成薄片分给大家。然后每个人自己浇上卤汁，洒上盐，味道十分鲜美。

小游戏

感恩节宴会结束后，有些家庭还常常玩一些传统的小游戏。之前提到的第一次感恩节时，那些移民和印第安人举行的跳舞、射箭比赛等许多娱乐活动（recreational activities），其中有些活动一直流传至今。

1．蔓越莓竞赛（cranberry race）

蔓越莓竞赛，就是把一大碗蔓越莓放在地上，4 ~ 10 名竞赛者围坐在周围，每人有一份针线。比赛一开始，他们先穿针线，然后把蔓越莓一个个串起来。比赛时间为 3 分钟，时间到了后看谁串得最长，谁就为获胜者。至于串得最慢的人，大家还会开玩笑地发给他一个最差奖。

2．玉米游戏

据说玉米游戏是为了纪念（commemorate）当年在粮食匮乏的情况下印第安人分给那些移民玉米而流传下来的一种游戏。人们把 5 个玉米藏在屋子里，由大家分头去找，找到玉米的 5 个人参加比赛，其他人在一旁观看。比赛开始，这 5 个人就迅速把玉米粒剥在一个碗里，谁先剥完谁就赢。接着还要由没有参加比赛的人围在碗旁边猜里面玉米粒的数量，猜得最接近的人就被奖给一大包爆米花（popcorn）。

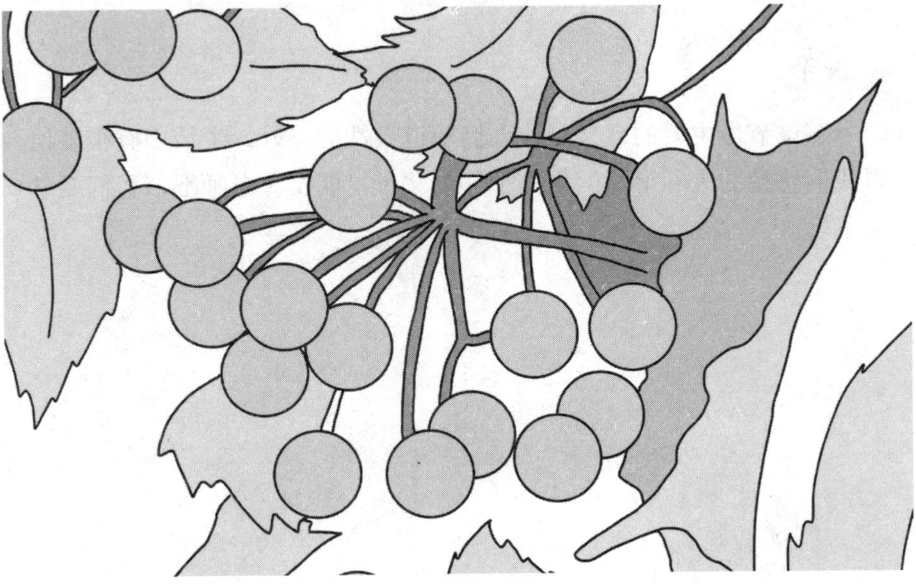

美国还有一年一度的总统放生火鸡仪式，该仪式始于1947年杜鲁门（Truman）总统当政时期，但是实际上这个传统仪式可以追溯到美国内战（American Civil War）期间林肯（Lincoln）总统当政时期。1863年的一天，Lincoln的儿子泰德突然闯入内阁会议现场，请求赦免一只名叫杰克的宠物火鸡。因为这只火鸡被送进白宫（the White House），即将成为人们感恩节餐桌上的美味。2006年11月22日，布什（Bush）总统在白宫玫瑰花园举行的感恩节放生仪式上，特赦了一只名叫“飞鸟”的火鸡。奥巴马（Obama）总统特赦的感恩节火鸡名为“勇气”。

知识链接

蔓越莓（cranberry），又称蔓越橘、小红莓，是一种表皮及果肉都是鲜红色，生长在矮藤上的小圆浆果。蔓越莓主要生长在北半球凉爽地带的酸性泥炭土壤中，需经过3～5年栽培。蔓越莓花深粉红色，红色浆果可作水果食用。每年春天播种、秋季收获，采收方法分成“水收”和“干收”两种。蔓越莓目前在北美的一些地区被大量种植，蔓越莓、蓝莓和康科特葡萄是美国特产的三种水果。

动动手

感恩节最主要的意义是让人们知道人性的美好。生活中有很多值得我们感激的人和事，问候一下你的父母、朋友、老师吧，我们要学会感恩。

情人节

知识点

情人节（Valentine’s Day）也是西方的传统节日之一，在每年的2月14日。

2 月 14 日，是西方传统的情人节，又称“圣瓦伦丁节”或“圣华伦泰节”（St. Valentine’s Day）。为了表达爱意和友好，男男女女会在这一天互送巧克力、鲜花、贺卡等礼物。因此，人们认为情人节是一个关于爱和浪漫的节日。在欧美各国，情人节也越来越受欢迎，成为青年人喜爱的节日。

渊源一：牧神节

情人节具有悠久的历史（a long history），有一种说法是情人节最早源自古罗马时代的牧神节（Lupercalia）。每年 2 月，罗马人会举行盛大的活动来庆祝牧神节。随着罗马势力在欧洲的不断扩张，牧神节的习俗被带到了现在的法国和英国等地。在庆典中有一项深受人们喜爱的类似于现在的摸彩的活动，即男女青年欢聚一堂，由姑娘们把表达爱情的祝词放在签筒里，年轻男子依次抽签，抽到哪位姑娘的祝词，那位姑娘就成为该男子的恋人。

后来，基督教的兴起使人们对纪念众神的习俗渐渐淡漠，但是教士们不希望人们放弃节日的快乐，就将牧神节确定在 2 月 14 日，并改名为瓦伦丁节。这一节日在中世纪的英国十分流行。教皇在大约公元 498 年宣布 2 月 14 日是情人节，并认为它应该是一个浪漫的日子。最早的情人节礼

物是阿金库尔战役（Agincourt）中被俘虏的奥尔良公爵查理斯在伦敦塔狱中写给他妻子的诗，这个写于1415年的祝福被收藏在伦敦的大英博物馆。

渊源二：圣·瓦伦丁

关于情人节的起源，还有一个普遍流行的传说。大约在公元3世纪的罗马，暴君克劳狄乌斯（Claudius）当政。当时，罗马内外战争频繁，人民苦不堪言。为了补足兵力，将战争进行到底，克劳狄乌斯下令，凡是一定年龄范围内的男子，都必须进入罗马军队，让他们用自己的生命为国家效劳。于是，无数男子被迫离开妻子或自己的恋人，罗马城中蔓延着无尽的相思。对此，暴君克劳狄乌斯非常生气，于是他就下令禁止国人举行结婚典礼，甚至要求已经结婚的人毁掉婚约。

然而，暴政阻止不了真正的爱情。在这个国家居住着一位德高望重的修士（friar），名叫圣·瓦伦丁（Saint Valentine）。他不忍心看到一对对恋人就这样生离死别，于是为前来请求帮助的情侣秘密主持结婚典礼。后来这个消息传开了，更多的情侣秘密地赶来寻求圣·瓦伦丁修士的帮助。但是，事情很快还是被暴君知道了，于是他将圣·瓦伦丁修士打入大牢，最终折磨致死。圣·瓦伦丁修士死的那一天是公元 270 年的 2 月 14 日，后来人们就用 Valentine's Day 来纪念那位对爱情给予祝福的修士，中文译为“情人节”。

各色情人节

白色情人节（White Day）：3 月 14 日是白色情人节，是 Valentine's Day 的延续，最早诞生于 1977 年，在日本（Japan）、韩国（Korea）、台湾等地区比较流行。黑色情人节（Black Day）：4 月 14 日是黑色情人节，据说是属于单身人群的节日，似乎有点玩笑的性质。此节日源自韩国。紫色情人节（Purple valentine's day）：这个节日是由紫阳花（Hydrangea）的盛开时间而来的，它盛开在梅雨季节（rainy season），象征勇敢的精神。

中国七夕：牛郎织女的故事在中国广为流传，据说在每年农历 7 月 7 日晚上，天上的牛郎和织女会在鹊桥相会。人们认为七夕是一个具有浪漫色彩的节日。2006 年 5 月 20 日，七夕节被国务院（the State Council）列入第一批国家非物质文化遗产名录（National Intangible Cultural Heritage

List)。现在它被认为是中国的情人节。

就像许多年轻人对圣诞节很感兴趣一样，Valentine's Day也已经悄悄渗透到了无数年轻人的生活中。在情人节的习俗中，鲜花和巧克力是往往是不可或缺的。在希腊神话中，玫瑰就是美神的化身。在世界范围内，玫瑰是用来表达爱情的通用语言。青年人是情人节当之无愧的主角，但是在美国，Valentine's Day已不仅仅是青年人的节日，亲人朋友之间都可以互送小礼品以表达感情、增进友谊。节日的目的最终都落脚于人们的生活之中，教会人们心存感激。

知识链接

1. 阿金库尔战役发生于1415年的10月25日，是英法百年战争（Hundred Years' War，1337—1453年）中著名的以少胜多的战役。在亨利五世的率领下，英军击溃了法国由大批贵族组成的精锐部队，为随后在1419年收服整个诺曼底奠定了基础。

2. 紫阳花又称绣球花，它的花从盛开到凋零会变成红、蓝、绿、青等很多种颜色，代表多姿多彩的幸福生活。

动动手

关于这些浪漫的节日还有很多感人的故事，大家可以在网上或书本中查一查。

母亲节

知识点

母亲节（Mother's Day）是一个感谢母亲的节日，最初起源于古希腊，而现代母亲节则是起源于美国。

母亲的形象在很多诗歌作品中并不少见，我们也听过不少歌颂世间伟大母爱的歌曲，而大多数国家也已经把每年 5 月的第 2 个星期日确立为母亲节（Mother' s Day），这是属于每一位母亲的节日。

起源

母亲节最早起源于古希腊（ancient Greek）。在那一天，古希腊人向希腊众神之母赫拉（Hera）致敬。古罗马（ancient Rome）时期，这些活动的规模就变得比以前更大，庆祝（celebration）盛况往往会持续 3 天之久。但是，古时候人们对女神的崇拜（worship）只是一种迷信（superstition）的表现，它同今天人们对母性的尊敬是大不相同的。17 世纪中叶，母亲节流传到英国，英国人把封斋期的第四个星期天作为母亲节。在这一天里，出门在外的青年人将回到家中，给他们的母亲带上一些小礼物。

现代母亲节起源于美国，由安娜·贾维斯（Anna Jarvis，1864—1948 年）发起，她终身未婚，一直陪伴在母亲身边。安娜的母亲心地善良，富有同情心，为礼拜堂服务超过 25 年。她提出应该设立一个专门的纪念日（special anniversary）来纪念默默无闻地作出奉献（devotion）的母亲们，可是当她在 72 岁逝世时，这个愿望依旧未能实现。于是，安娜·贾维斯立

志要创立母亲节，实现母亲的心愿。她从 1907 年开始举办活动，申请将母亲节设定为一个法定节日。刚开始没有多少人支持她，但是她依然没有放弃，继续向世界呼吁。1908 年 5 月，在美国的西弗吉尼亚（West Virginia）和宾夕法尼亚（Pennsylvania）州正式开始举办为母亲们举行的礼拜仪式。安娜亲自在教堂中安排仪式，组织活动，同时还要求前来参加者胸前要佩戴白色的石竹花（pink）。这一活动，引起了不少人的关注和兴趣。后来，便有更多的教堂（church）纷纷组织同样的活动。1911 年，庆祝母亲节的活动已经开展得非常广泛，连加拿大（Canada）、墨西哥（Mexico）和南美的一些国家也都开始庆祝这个节日。1912 年，美利坚合众国（the United States of America）专门成立了母亲节国际协会。1913 年，美国国会（U.S. Congress）确定将每年 5 月的第 2 个星期日作为法定的母亲节，并规定这一天家家户户都要悬挂国旗，表达对母亲的尊敬，由威尔逊总统（President Wilson）颁布（promulgate）施行。

自此之后，母亲节即成为美国全国性的节日。现在，该节日已成为一个国际性的纪念节日，而安娜的母亲生前最爱的康乃馨（carnation）也就成了母亲节的象征。

节日习俗

之前说到参加母亲节活动的人要在胸前佩戴石竹花，而石竹花的颜色也是有讲究的。那些母亲已经去世的人要佩戴白色石竹花，而母亲健在的人则佩戴红色石竹花。

在母亲节这一天，人们总会想出各种办法使母亲愉快地度过节日，感谢她们的辛勤劳动和无私奉献，最普通和常见的方式是向母亲赠送卡片（card）和礼物（present/gift）。节日里，每个母亲都会满怀喜悦的心情，接受孩子们和丈夫赠送的礼物。很多小孩子会自己动手制作卡片，上面写上诸如“妈妈，我爱你”等字样，相信每一位母亲看到都会很开心和欣慰吧。这一天母亲们还能从日常的家务劳动中解放出来，许多家庭都由丈夫和孩子们把全部家务活包下来，母亲不用做饭，不用洗盘刷碗，也不用洗衣服，可以轻松地休息一整天。

世界上也有些国家的母亲节不在 5 月，如泰国的母亲节是 10 月 5 日、葡萄牙的母亲节是 12 月 8 日、印度的母亲节则是 12 月 22 日……很多国家也都发行过母亲节纪念邮票。1934 年初，美国首次发行母亲节纪念邮票，身为总统和集邮爱好者的罗斯福（Roosevelt）亲自设计了邮票的草

你是否还记得妈妈教你的第一首儿歌？

图。邮票选用了美国著名画家惠斯勒的《艺术家的母亲》作为主图，同时为了平衡画面效果，在邮票的左下角加上了一个插满康乃馨的花瓶。1982年5月，为纪念国家名誉主席宋庆龄逝世一周年，中国原国家邮电部发行了两枚纪念邮票，图案中宋庆龄像前的一朵朵鲜花尤为引人注目，这便是康乃馨——母亲节之花。

知识链接

在希腊神话中，有许多关于康乃馨的传说。相传希腊有一位以编织花冠为生的少女，手艺精巧，深受画家、诗人的欣赏，却因为生意兴隆而招来同行的妒忌，最终遭到了暗杀。太阳神阿波罗为了纪念这位少女，就将她变成美丽的康乃馨。因此在希腊，有人称康乃馨为花冠，推崇其神圣的地位。

动动手

你在母亲节的时候会送妈妈什么礼物呢，一顿早饭、一束康乃馨还是一句“妈妈，我爱你”？下次自己做张卡片吧，妈妈会很开心的。

愚人节

知识点

愚人节（April Fool’s Day）也叫做万愚节，是每年的4月1日，和圣诞节、复活节一样是西方社会的传统节日。

每年的 4 月 1 日，是西方的民间传统节日——愚人节（April Fool's Day），也称万愚节。在这一天，不分男女老幼，可以互开玩笑、互相愚弄以换得娱乐、开心。

起源

说到愚人节的起源，有很多种说法，在这里来给大家讲一个与之有关的希腊神话吧。

在希腊，农业女神德墨忒尔（Demeter）是为大家所熟知的，也是最受尊敬的女神之一。她具有无边的法力，可以使土地变得非常肥沃（fertile），五谷丰登，但是她也可以让田园荒芜，万物凋零。德墨忒尔有一个聪明、美丽、活泼的女儿，名叫珀尔塞福涅（Persephone）。有一天，珀尔塞福涅和她的朋友战神雅典娜（Athena）、狩猎女神阿尔忒弥斯（Artemis）在田野里散步。爱与美女神阿芙罗狄忒（Aphrodite）对于她们不谈婚论嫁很不高兴，于是就想惩罚她们。正好这时冥王哈德斯（Hades）出来巡视，阿芙罗狄忒就叫来自己的儿子小爱神厄罗斯（Eros），命令他将金箭射向哈德斯，让他爱上珀尔塞福涅。被射中的哈德斯立刻爱上了她，但是他知道美丽的珀尔塞福涅不会愿意跟他到阴暗的冥府中去，于是就趁她在田野里玩耍时把她抢到了冥府。

德墨忒尔找不到女儿，知道她被劫走了，但是却不知道是谁。非常爱女儿的德墨忒尔不愿意放弃，始终在寻找。她几乎走遍了世界的每一个角落，却依然没有珀尔塞福涅的消息，无奈之下就回到了西西里岛（Sicily）——珀尔塞福涅失踪的地方。愤怒的德墨忒尔把自己的怨气发泄在了这里的农民身上，她杀死了岛上的耕牛，使土地变得坚硬无比，让所有的植物都枯黄凋零。越来越多的地方变得颗粒无收，灾荒弥漫。后来，太阳神怜悯德墨忒尔的遭遇，也不愿意看到农民再受苦，就把哈德斯抢走珀尔塞福涅的事情告诉了她。只是已经成为冥后的珀尔塞福涅再也无法回来，而德墨忒尔也对此无能为力。知道真相的她觉得自己被众神欺骗和愚弄了，愤怒无比，就把全部的庄稼弄死，不让植物生长。天上地下都乱了套。宙斯没办法，只好让珀尔塞福涅每年有 1/3 时间住在冥府，2/3 时间则返回人世，陪伴她的母亲。此后，人们便设立了愚人节，用善意的谎言来告诫那些自以为聪明的人。

习俗

愚人节，顾名思义就是要愚弄别人，所以最典型（typical）的活动就是大家互相开玩笑（play a trick），用假话捉弄别人。例如，有的人会故意把用细线拴着的钱包丢在大街上，自己在暗处拉着线的另一端，一旦有人捡起钱包，他们就出其不意地猛然把钱包拽走。还有人把砖头放在破帽子下面搁在马路当中，然后等着看谁来了会踢它。小孩们往往会告诉父母说自己的书包破了个洞，或者脸上有个黑点，等大人俯身来看时，他们就一边喊着“四月傻瓜”，一边笑着跑开。每逢愚人节这一天，动物园（zoo）和水族馆（aquarium）还会接到不少打给菲什（fish，鱼）先生、泰歌（tiger，老虎）先生的电话，常常惹得工作人员不得不掐断电话线，以减少麻烦。

虽然同样是愚人节，各国的习俗还是有区别的。在美国不管是否相识，人们都会开些小玩笑。比较常见的把戏是指着别人的鞋子说：“你鞋带没系。”不管是什么样的招数，只要那个人中计了，恶作剧的人就会尖叫：“愚人！”在苏格兰，愚人节实际上有两天的庆祝时间，第二天是专门对人体背后的区域胡闹，这一天被称作“Taily”节。 与这些国家不同的

是，墨西哥的愚人节在12月28日。既然是一个节日，人们还常常会组织家庭聚会。而聚会往往也是很有趣的，人们会做“假菜”，例如说下一道菜是“烤土豆”，结果揭开上面的叶子才发现是甜面包屑和鲜菇。

但是大家一定要知道的是，愚人节并不意味着这一整天都可以捉弄别人，只能在中午12点之前，这是约定俗成的严格规矩。如果过了中午还找乐子的人就会被认为是一个比被他取笑的人还傻的傻瓜。更重要的是，过了12点还开玩笑的人往往会碰钉子，自找没趣。有一首小诗是这样描述的：

愚人节已过十二点，你这个大傻瓜来得晚。
待到来年愚人节，你将是最大个的大笨蛋。

知识链接

教你不被骗：首先一定要意识到4月1号这天是愚人节，在这一天，凡事都要先仔细想一想，然后再决定到底该做什么。在没有想清楚之前，千万不要轻易相信任何事情。等确认无误后，再做出反应也不迟。同时要具备反击的能力，争取主动，不让别人牵着你的鼻子走，不过还是要注意分寸哦。

动动手

关于愚人节的起源，文章中只提到了一个希腊故事，其实还有很多有趣的故事，自己去查找一下。

第3章

英语笑话

经典笑话

知识点

俗话说：笑一笑，十年少。英语中的那些经典笑话能让我们在轻松愉快的心情中学习英语。

If fast relief is what you are after, then laughter really is the best medicine.（如果你想快速解脱痛苦或压力，灵丹妙药非笑莫属。）

Weather predict

A film crew was on location deep in the desert. One day an old Indian went up to the director and said, "Tomorrow rain." The next day it rained.

A week later, the Indian went up to the director and said, "Tomorrow storm." The next day there was a hailstorm.

"This Indian is incredible," said the director. He told his secretary to hire the Indian to predict the weather.

However, after several successful predictions, the old Indian didn't show up for two weeks.

Finally the director sent for him. "I have to shoot a big scene tomorrow," said the director, "and I'm depending on you. What will the weather be like?"

The Indian shrugged his shoulders. "Don't know," he said. "Radio is broken."

【译文】

天气预报

一个电影摄制组在沙漠深处工作，一天，一个印度老人到导演跟前告诉导演说：“明天下雨。”第二天果然下雨了。

一周后，印度人又来告诉导演说：“明天有风暴。”果然，第二天下了雹暴。

“印度人真神！”导演说。他告诉秘书雇佣该印度人来预报天气。

几次预报都很成功，然而，接下来的两周印度人不见了。

最后，导演派人去把他叫来了，“我明天要拍一个很大的场景，”导演说，“这得靠你了，明天天气如何啊？”

印度人耸了耸肩：“我不知道，”他说，“收音机坏了。”

Are you going to treat me?

An American actress came to China for the first time. One day when she was looking for her new Chinese friend after a performance，she came across an anxious Chinese who had always wanted to practice his English with native speakers，but had never found the chance. When he saw the actress，he went up and exchanged greetings，then started his practice.

“How old are you?”

“I'm sorry. Please don't ask a lady about her age，” the actress said uneasily.

“How much do you earn each month?” the Chinese tried hard to recall this sentence from his textbook.

“Sorry again. We don't feel like telling others about that either，“ she again refused to answer.

“Have you had lunch?” the Chinese tried again to show his traditional way of greeting.

“No，are you planning to treat me to a meal?” she asked in surprise.

【译文】

你要请客吗?

有位美国女演员首次来中国演出。一天演出结束后她在找她的中国朋友时，碰见一位中国人，他总想与老外练习口语却一直没有机会。当他看

到这位女演员时，就走上前去问候，接着两人便攀谈起来。

“你多大啦？”

“对不起，请不要问女士的年龄，”演员感到很不自在。

“你每月挣多少钱？”中国人极力回忆着教科书上的句子。

“对不起，我们也不愿意把这件事告诉给别人，”她再次拒绝了对方。

“你吃过饭了吗？”中国人再次用本国的传统方式询问对方。

“没有，你要请我吃饭吗？”她惊喜地问。

知识链接

1. send for ☆ 派人去请，（写信、打电话）请来（某人）；
☆ 派人去取；
☆ 要求送（或邮寄）。

e.g.: I'll send for it.（我派人去取吧。）

He is very ill, you must send for a doctor.（他病得很厉害，你得请个医生来。）

2. 文化差异

中国人初次见面问到年龄、婚姻、收入等，是表示关心，而英语国家却对此比较反感，认为这些都涉及个人隐私，他们往往对自己的实际年龄秘而不宣，女性更是如此。再如中国人表示关心的“你去哪儿？”在英语中就成为刺探别人隐私的审问而不受欢迎。中国人日常打招呼习惯于问“你吃饭了吗？”，如果你跟英语国家的人这样说，他们会认为你是想请他们吃饭。英语国家的人们打招呼通常以天气、健康状况、交通、体育以及兴趣爱好为话题。

动动手

大家都知道了吧，我们的习惯不是在每一个地方都行得通的，多多了解吧！

笑笑猫

知识点 猫（cat）在英语中所表示的含义是很丰富的，可以指不同的人，很多谚语中也有这个单词。

不知道你是不是喜欢可爱的小猫呢，在我们的英语学习中经常都会遇到有关猫的一些短语，它们往往都会有意想不到的意思。

笑话两则

◎ A boy was in the garden filling in a hole when his neighbor peered over the fence.

Interested in what the boy was up to，he politely asked，"What are you up to there?"

"My goldfish died，" replied the boy tearfully，without looking up，"and I've just buried him."

The neighbor was concerned，"That's an awfully big hole for a goldfish，isn't it?"

The boy patted down the last heap of earth then replied，"That's because he's inside your cat!"

【译文】

一个小男孩在院子里正填着一个土坑时，他的邻居隔着篱笆看着。

他对小家伙在干什么很好奇，就客套地问了句："你在那儿干什么呢？"

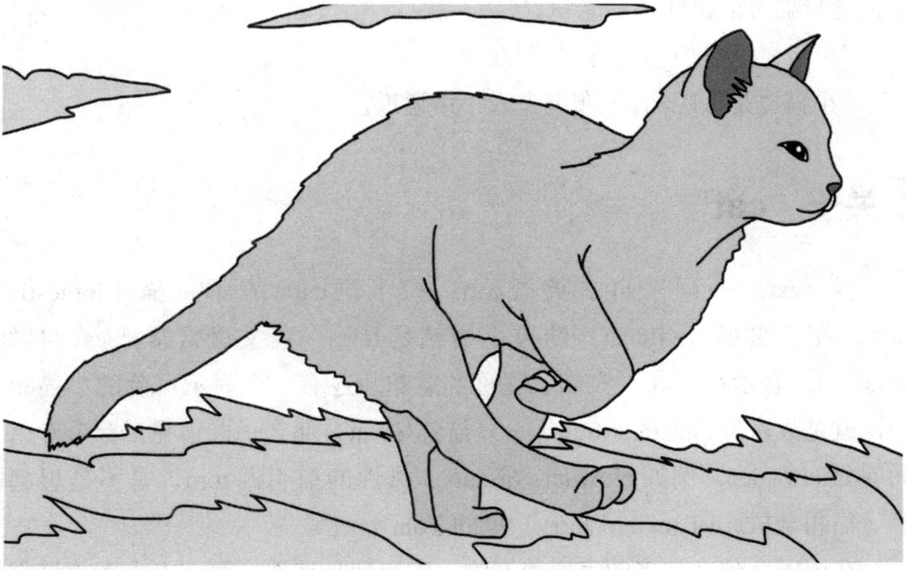

“我的金鱼死了，”小男孩眼泪汪汪地回答，头都没抬一下，“我在把它埋起来。”

邻居关心地说：“这坑埋金鱼也太大了吧？”

小男孩把最后一小堆土拍平，然后说：“那是因为它在你家猫肚子里！”

◎ Mrs. Brown went to visit one of her friends and carried a small box with holes punched in the top.

“What's in your box?” asked the friends.

“A cat,” answered Mrs. Brown. “I've been dreaming about mice at night and I'm so scared! This cat is to catch them.”

“But the mice are only imaginary,” said the friend.

“So is the cat,” whispered Mrs. Brown.

【译文】

布朗夫人去拜访一位朋友，她拿着一个顶部扎满了小洞的盒子。

“盒子里装的是什么？”朋友问道。

“一只小猫，”布朗夫人回答说，“我晚上睡觉总梦见老鼠，我非常害怕。这只猫可以抓住那些老鼠。”

“可老鼠都是假想的呀。”朋友说。

“小猫也是假想的。”布朗夫人小声说道。

关于“cat”

猫（cat）一词来自古英语catt，拉丁语catta表示家猫（domestic cat），相应野猫（wildcat）的拉丁语就是feles。英文里常常把cat叫做pussycat，表示小猫咪，充满了昵称的意味。还有一个表示可爱的小猫咪的词就是大家经常说的kitten。一只猫就是cat，那么一群猫呢？有个专用词叫做clowder，例如clowders of cats。雄性的猫叫做tom，是不是想起了《猫和老鼠》（Tom and Jerry）里的Tom？

在中国，越来越多的家庭养宠物，猫和狗是首选，西方人也喜欢将猫作为宠物。但是，黑猫却会让西方人心生恐惧，尤其是英国人，他们一般将黑猫与女巫（witch）联系在一起。有一种说法是，如果是在一个漆黑的星期五晚上碰上一只黑猫，就预示着会遭厄运。在英国古代的传说中，

人们认为妖魔常常变成黑色的动物，尤其是黑猫。

据说黑猫有九条命，妖魔有变身九次的魔法。如果杀死一只黑猫，它还可以再变八次，所以英语中的猫含有“心地恶毒的女人、爱说人坏话的女人（a spiteful or unpleasant woman）”等意思。例如，She is a cat（她是个包藏祸心的女人），Mrs. Smith is a perfect cat（史密斯太太是个地地道道的长舌妇）。

短语 let the cat out of the bag 是指放出袋中的猫，表示泄露秘密、说漏嘴；like a cat on hot bricks 指焦躁不安，与热锅上的蚂蚁意思相同；not a cat in hell's chance 是指毫无机会。猫总是会和狗联系在一起，live a cat and dog life 是指经常吵架；cat-and-dog 表示爱吵架的；rain cats and dogs 指下倾盆大雨。例句：The man and his wife lead a cat and dog life，and both are miserable（他们夫妻俩经常吵架，两人都感到痛苦）。Whatever you do，just don't let the cat out of the bag（不管你干什么，只是不要泄露秘密）！

知识链接

1. 各种各样的猫代表着各种各样的人：

alley cat 胡同里的猫就是流浪猫；

cool cat 是时尚前卫的人，多指男性；

copycat 就是山寨假冒的；

fat cat 是权贵之人。

2. 谚语：Cats hide their claws. 知人知面不知心。

Curiosity killed the cat. 好奇心杀死猫（就是说不恰当的好奇心会带来灾难）。

动动手

找资料了解一下中西方文化中 cat 的差异。

多变的“knock”

知识点 knock这个单词不仅可以作名词还可以作动词，在英语中的用法有很多种。

“叮咚－叮咚”，这是有人在敲门呀，在英语中“敲门”要用到动词“knock”，但是不要小看这一个词哦，它可是有很多用法的！

开心一下

◎ knock back

有一个人在宠物店（pet shop）买了一只小猫咪（a little cat）。猫咪毛茸茸的，十分可爱（cute），所以她总忍不住要带它出去炫耀（show off）一番。

一次她的好友安琪拉（Angela）看到了她的爱猫，一边逗弄它，一边对她说：“This cutie must have knocked you back a lot！”她听了以后，以为 Angela 是说猫咪很淘气，会抓她的背，就回答说：“Not at all. This is a tender kitten.”谁知 Angela 听了后大笑，说道：“This cutie must have cost you a lot ！”Angela 的话让她一头雾水，回家查过字典，才发现原来“knock back”这个短语在口语里面有“花费”的意思，所以 Angela 原本是问她，买猫咪一

定花了不少钱吧，并不是说她的猫咪很调皮。

◎ knock out

一次有个人向同事约翰（John）借一支笔，当时约翰正忙着在电脑上打字，头也不回地对他说："Knock yourself out." 这个人听了后心里十分不悦，心想约翰也真是的，怎么会如此无理，不过就是向他借一支笔嘛，不借也就算了，还说什么要打我出去。于是他就说："对不起，我没听清楚，你说什么？" 大概约翰听出这个人口气不对，回头看见他有点郁闷的样子，忙解释道："老兄，别误会，我的意思是说你自己去拿，随便用。"原来在这里约翰说的 knock out 的意思是 go ahead、go for it、或者 do as much as you want（like）or you do not have to ask my permission，并不是他所理解的把人击倒、打出场外的意思。

"knock" 的用法

简单的英语单词"knock"可是有大学问的，它有很多固定的搭配，都是比较常见的。先来看看它做动词时的用法吧，knock 最基本的意思是"敲"、"击"、"撞"，例如：Somebody was knocking on the window.（有人在敲窗户。）

◎ knock off

这个短语可以表示 to stop doing something，especially work，即停止或中断某事，尤其是指下班、收工。例如：Let's knock off for lunch. knock something off 是非正式用语，指仓促写出、迅速而轻松地完成某事，还可以表示消除、减价。在俚语中它是指抢劫（knocked off a bank 抢劫银行）。

再来学习一个习惯用语：knock your socks off。大家都知道 sock 是袜子，而这个习惯用语是表示某件特别精彩的事情让你兴奋得上蹦下跳，以至脚上袜子也跳得掉了下来，引申为"令人兴

奋不已的好事”。例如：The movie I saw last night is fantastic and it is the best I've seen in years. I guarantee it'll knock your socks off!（我昨晚看的那电影棒极了，我有好几年没看过这样精彩的片子了。保证会让你激动万分！）还有一个和 knock your socks off 意义相似的短语：knock them in the aisles。aisle 指剧场内座位之间的通道，这个习惯用语用来描述精彩绝伦、令人倾倒的事情。

◎ knock somebody out

这个短语有三层意思：第一，使昏睡、使不省人事；第二，击倒对手；第三，给某人留下深刻印象。knock 和 out 还可以连起来，成为一个名词 knockout，表示：淘汰赛、击倒、给人留下深刻印象的人、绝代佳人。例如：He married a real knockout，one of the most beautiful women I have ever seen！（他娶了个大美人，我还没见过比她更漂亮的女人！）

知识链接

关于 knock 的其他短语：

knock at 敲（门、窗等）

knock in（把钉子）钉入

knock over 打翻；撞倒

knock down 击倒；拆卸

knock up 敲门唤醒；[英口] 筋疲力尽；往上敲

knock against 撞击，与……冲突；偶然遇见

动动手

翻译句子：Shakespeare lived 400 years ago but he was the best who ever lived. One of his greatest works，King Lear，is playing now and it still knocks them in the aisles!

参考答案：莎士比亚生活在四百年前，但他是有史以来最伟大的戏剧家。他的杰作之一《李尔王》现在仍在上演，仍令观众为之倾倒。

第4章

英语中的习语

“Rome”那点事

知识点 Fiddle while Rome burns比喻“只顾取乐，对大事漠不关心”、“大难临头依然歌舞升平”等意思。All roads lead to Rome意指“殊途同归”。

古罗马（ancient Rome）一般是指公元前9世纪初在意大利半岛（Italian Peninsula）中部兴起的文明，历经罗马王政时代、罗马共和国，后来扩张成为庞大的罗马帝国（Roman Empire）。395年，罗马帝国分裂为东西两部分，西罗马帝国于476年灭亡，而东罗马帝国也在1453年灭亡。

Fiddle while Rome burns

泊秦淮

烟笼寒水月笼沙，夜泊秦淮近酒家。

商女不知亡国恨，隔江犹唱后庭花。

大家都学过杜牧的《泊秦淮》吧，下面要说的fiddle while Rome burns和诗中的后两句“商女不知亡国恨，隔江犹唱后庭花”有异曲同工之妙。

Fiddle while Rome burns出自古罗马历史事件，根据古罗马传记作家苏埃托尼乌斯（Suetonius）所著的《罗马十二帝王传》（亦称《十二凯撒传》）一书记述，公元64年罗马城发生了一场大火，大火烧了整整6天，焚毁了无数房屋建筑，百姓流离失所。据说当时的罗马皇帝尼禄（Nero）

却登上高塔，一面弹琴吟诗，一面观赏大火。人们相传说，这场大火是暴君尼禄为了重建罗马城故意派人放的，也就是他“城市重建”计划的第一步。只是后来历史学家（historian）指出这个“弹琴”的传说有些靠不住——罗马焚烧的时候，尼禄根本就不在罗马城里，而是在离罗马 50 英里的别墅内。另据其他史料记载，尼禄可能在大火第 3 天登上米西纳斯塔，在琴声伴奏下吟诵特洛伊末代国王普里阿摩斯（Priam）为特洛伊被焚所做的挽诗。罗马大火之后，尼禄把罪名转嫁于基督教徒，借机对他们进行迫害，另一方面却按照希腊风格（Graecism）重建（restore）城市，并营造规模极为宏大的宫殿（palace），致使帝国各地发生叛乱。最后尼禄逃离罗马，在路上自杀（commit suicide）（也有说法是被处死）。

但无论事实如何，从罗马的这一历史故事产生了 fiddle while Rome burns（直译为“在罗马城燃烧时弹奏竖琴”）这一习语，用来比喻“只顾取乐，对大事漠不关心”、“大难临头依然歌舞升平”等意思。这个习语也可以写作 fiddle while Rome is burning.

All roads lead to Rome

条条大路通罗马（All roads lead to Rome）寓意为达到同一目的可以有多种不同的方法和途径，与汉语中的成语“殊途同归”或俗语“水流千里归大海”相似。

古罗马原是意大利的一个小城邦，公元前3世纪罗马统一了整个亚平宁半岛（Apennines Peninsula）。公元前1世纪，罗马成为地跨欧亚非三洲的罗马帝国的政治（political）、经济（economical）和文化（cultural）中心。罗马帝国为了加强统治，修建了以罗马为中心，通向四面八方的大道。这些大道促进了罗马帝国内部和外界的贸易与文化交流。公元8世纪起，罗马成为西欧天主教的中心，很多来自四面八方的教徒去那里朝圣（pilgrimage）。据说，当时从意大利半岛乃至欧洲的任何一条大道开始旅行，只要不停地走，最终都能抵达罗马。 相传“条条大路通罗马”这句话，最早出自罗马皇帝尤里安（Julian the Apostate，331—363）之口，他博学多才，不仅是学者、作家，还是将军。

也有说法是这句话出自西哥特王阿拉里克。公元5世纪前后，西罗马帝国内政腐败，而日益强悍的日耳曼族群势力又严重威胁着罗马。日耳曼

族群中最有实力的西哥特王阿拉里克一直想要攻占罗马，但是屡屡败于西罗马将军斯提里科之手。双方交锋近 15 年，阿拉里克虽然屡战屡败，但他从未放弃。公元 407 年，西罗马皇帝霍诺留以反叛罪杀死斯提里科。阿拉里克得知这个消息后，仰天大笑说："终于没有人能阻止我去罗马了。"当他手下的将军问："不知您打算走哪条路去罗马？"西哥特王哈哈大笑，说出了那句千古名言：All roads lead to Rome.

例句点津：

1. The President is accused of fiddling while Rome burns because he continued to play golf after learning that the skyscraper had collapsed. 人们指责总统只知取乐不理大事，因为他听到那幢摩天大楼倒塌之后，还继续玩高尔夫球。

2. It doesn't matter. All roads lead to Rome. 没关系，条条大路通罗马。

动动手

翻译句子：By doing nothing about the rate of unemployment，the government is being accused of fiddling while Rome burns.

参考答案：在处理失业率问题上，当局者被指责不作为。

各种“dog”

知识点

在英语中，有一些由动物构成的短语诙谐幽默、妙趣横生并且寓意深刻，“dog”就会经常用到。

不同的动物在不同的文化中有不同的象征意义，使用时要注意其差异，以免用错。一起来看看不同情境下“dog”的不同含义吧。

A dog in the manger

a dog in the manger 这个说法出自《伊索寓言》（Aesop's Fables），其中有一个故事说从前有一条狗时常躺在盛满干草的马槽中，只要一有马靠近马槽，它就开始不停地叫，不让马吃草。于是就有一匹马对同伴说：“这条狗太自私了！它自己不吃干草，还不让吃草的去吃。”这故事是说那些总是不愿别人得到好处的人。

于是英语中就有了“a dog in the manger”这一说法，manger 意为“（马、牛等的）食槽”，所以 a dog in the manger 直译就是“占马槽的狗”，常用来比喻 a person who prevents others from enjoying something that is useless to himself; a churlish fellow who will neither use a thing himself nor let others use it，讽刺那些自己不能享用也不让别人享用的人和占据某职位或某些物质却不做事的人。

人们在口语中也常常会用到这个短语。a dog in the manger 是个名词性短语，常与系动词连用，充当表语（主语补足语）。

例句：

1．He borrowed a lot of books from the library，but he didn't read a book. He was really a dog in the manger.（他从图书馆借了很多书，但是从来不读。他真是个自私的人。）

2．If Martin were not such a dog in the manger，he would let his brother have that evening suit he never wears.（如果马丁不是一个这么自私的人，他就会把那件他从来不穿的晚礼服送给他弟弟。）

其他短语

上面我们看到了关于“dog”的寓言故事，下面来看看其他一些有趣的短语吧，大家一定要牢记，不能望文生义。

◎rain cats and dogs 倾盆大雨

关于这个短语的来源，流传最广的说法是中世纪城镇因为没有排水的下水道，暴雨时街道被淹没，许多猫猫狗狗因此被淹死。那时，迷信的人们就认为这些猫狗的尸体是从天上掉下来的。后来就有了 rain cats and dogs 这个短语，指 raining very heavily.

例句：We can't play badminton outside because it is raining cats and dogs.

现在没法在室外打羽毛球，因为外面正下着倾盆大雨。

◎ dog-eat-dog 残酷无情的竞争，损人利己的角逐，相互残杀

该短语的字面意思为：狗吃狗。大家都知道，狼有吃掉死去的同伴的习惯，而狗一向被视为温顺、友好的一类动物，正因为如此，“狗吃狗”的行为才会显得更加残酷、无情。

◎ sick as a dog 病得很严重

对狗有所了解的人都知道，狗特别贪吃，而且经常会乱吃东西。当吃下去的食物导致身体不适时，狗的反应又往往比较剧烈，因此人们就用 sick as a dog 来描述病得很严重的样子。

◎ dog days（三）伏天

伏天在英语中之所以成为 dog days，可以一直追溯到古罗马时代。古罗马人认为 7 月和 8 月有一段异常酷热的时期是因为天狼星（the Sirius；the dog-star）的影响。在他们看来每年这一时节天狼星与太阳同时起落给太阳增添了热量，从而造成酷热天气，在英语中称为 dog-star days，后来简称

为 dog days，指汉语中的“（三）伏天”或“伏日”，一直沿用至今。

例句：

It is hot today，but then，what can you expect in the dog days?

今天就这么热，那么到了三伏天就更够我们受的了。

语言是文化的载体，“狗”在英语和汉语两种语言中所表达的词汇及其意义都存在较大的差异。在汉语中，狗的形象大多是贬义的，如“狼心狗肺”、“狗仗人势”等。而在英语中，狗的寓意更多的是褒义，例如我们所熟悉的“爱屋及乌”的英语说法是“Love me，love my dog”。因此，不同的文化背景会赋予同一事物不同的意象。只有了解文化背景，熟记这些短语，才能恰当地运用。

知识链接

关于“dog”的谚语

Fight dog，fight bear. 一决雌雄。

Love me，love my dog. 爱屋及乌。

Dog does not eat dog. 虎毒不食子。

Every dog has his day. 风水轮流转。

Beat a dog before a lion. 杀鸡儆猴。

His bark is worse than his bite. 刀子嘴、豆腐心。

Give a dog a bad /an ill name and hang him. 人言可畏。

动动手

翻译句子：别这么不够朋友，既然你今天下午不出去就把自行车借给他用一用。

参考答案：Don’t be such a dog in the manger. Lend your bicycle to him since you will not go out this afternoon.

关于“Dutch”

知识点 go Dutch是“各自付账，分摊费用”的意思。

假如你和一位外国朋友去吃饭，吃完要结账的时候对方说“Let’s go Dutch!”，你可千万不要以为是“去荷兰”的意思。其实是英语中有这样一句俗语“Let’s go Dutch!”，意思是各自付账或分摊费用。

Go Dutch

从字面意思上来看，go Dutch 并不是“去荷兰”，那么为什么要用 Dutch 呢？其实并不是说荷兰是小气的民族，不过翻开词典（dictionary）就会发现很多关于 Dutch 的用法，但是所表达的意义似乎都是贬义。

16—17 世纪的荷兰（Dutch）和威尼斯（Venice）是海上商品贸易和早期资本主义（capitalism）的发祥地（birthplace）。终日奔波的意大利（Italy）、荷兰商人们（merchants）常聚在一起交流信息，离开时则各自为自己的消费（consume）买单，这种做法逐渐成为一种习俗流传下来。

其实也不难理解，因为商人的流动性很强，如果一个人请客，被请了的人说不定以后再也不会见到了，为了避免有人吃亏，彼此分摊就是最好的选择了。正因为荷兰人精明（shrewd），并且凡事都要分清楚，逐渐就形成

了 Let's go Dutch 的说法。荷兰人经常会开一个玩笑，能充分反映他们的性格（character）。有些荷兰人会问你："知道铜丝（copper wire）是怎么发明的吗？"他们还会给你解释说，"两个荷兰人在路上捡到了一个硬币（coin），都认为是自己最先发现的，于是就相互争抢，结果把硬币拽成了铜丝"。这个就可以说明荷兰人的性格，但是荷兰人并不认为这有什么不好的，将这样的态度反映在生活和工作中，他们耿直、爽快、很有经济头脑，并且富有幽默感（a sense of humour）。

我们所说的 AA 制是从国外传过来的，它的本意和 go Dutch 或 Dutch treat 一样，本意是指消费完之后各自支付自己的费用。而现在我们常说的 AA 制一般是指平分公共费用，也就是 share equally。这一点区别大家要知道哦，否则社交中会出现尴尬和误会的。

荷兰简介

荷兰的正式（formal）名称为尼德兰王国（Kingdom of The Netherlands），但是通常都称为"Holland"。荷兰位于欧洲西北部（Northwest Europe），国土总面积为 41864 平方公里，濒临北海（the North Sea），与德国（Germany）、比利时（Belgium）接壤。荷兰的首都设在阿姆斯特丹（Amsterdam），但是其中央政府、贝娅特丽克丝女王（Queen Beatrix）的居住地和办公地、所有的政府机关与外国使馆（embassy）、最高法院和许多机构都设在海牙（Hague）。

荷兰的国旗由三个平行相等的横长方形（rectangle）相连而成，自上而下分别为红、白、蓝三种颜色。红色代表革命胜利；白色象征自由、平等（equality）、民主（democracy），代表荷兰人民纯朴的性格特征；蓝色表示国家面临海洋，象征人民的幸福。荷兰的国歌是《威廉·凡·那叟》（Wilhelmus van

Nassouwe)，于 1568 年被定为国歌，是世界上第一首国歌。

郁金香（tulip）是荷兰的国花。荷兰人非常喜爱郁金香，郁金香在他们的生活中已经是必不可少的东西，每逢集市、花展，郁金香总是可以充当主角（leading role）。大家有没有听说过“风车王国”呢，说的也是荷兰。风车是由荷兰人首创的，是为了满足水利利用和磨坊工业的需求而产生。由于荷兰处于地球的盛行西风带（prevailing westerlies），又濒临大西洋（Atlantic Ocean），给荷兰提供了利用风力的优厚条件。荷兰人很喜爱风车，在他们的民歌（folk songs）和谚语（proverb）中常常赞美风车。每逢盛大节日，荷兰人就在风车上围上花环（garland），悬挂着国旗和硬纸板做的太阳和星星。郁金香、风车、木鞋、奶酪（cheese）被称为“荷兰四宝”。荷兰的著名研究型高等院校有阿姆斯特丹自由大学（Free University of Amsterdam）、格罗宁根大学（University of Groningen）、代尔夫特理工大学和瓦格宁根农业大学等，应用型高等院校有海牙大学和汉恩大学（HAN University）等。

知识链接

1. 贝娅特丽克丝女王于 1980 年 4 月 30 日登基继承王位，成为荷兰第六代君主。荷兰是君主立宪制（constitutional monarchy）国家，女王对政治的影响极大，拥有制定宪法（constitution）的权利。

2. 短语

do a Dutch 逃走，自杀。

double Dutch 叽里咕噜的外国语，难以理解的语言。

in Dutch 碰到麻烦，得罪某人。

talk Dutch 胡说八道。

动动手

荷兰也是一个旅游资源比较丰富的地方，大家可以在网上查一查。

Uncle Sam

知识点 Uncle Sam通常译为“山姆大叔”，用来代指“美国”或“美国政府”。

Uncle Sam（山姆大叔）是美国的绰号（nickname），是一种戏谑的称呼，也是美国的一个拟人化形象。这个称呼主要在美国（the United States）、英国（the United Kingdom），尤其是在新闻界中使用较多。

“山姆大叔”的起源

一般认为“Uncle Sam”这一名称是来自于1812—1814年的第二次美英战争期间。纽约州（Now York）的洛伊城里有一位名叫撒米尔·威尔逊（Samuel Wilson，1766—1854）的美国人（American），他是一个肉类包装商。据说撒米尔·威尔逊诚实能干，很有创业精神，在当地也很有威信（prestige），人们都亲切地叫他“Uncle Sam”，即山姆大叔。第二次美英战争期间，他担任纽约州和新泽西州（New Jersey）的军需检查员，在他经管的仓库（warehouse）里所有军需食品的包装箱和木桶上都要加盖E.A.-U.S.的戳记。

1812 年 1 月，纽约州的州长（governor of a state）带领一些人前往其加工厂参观，看到牛肉桶上都盖有相同的标记，便问是什么意思。工人回答，“E.A.”是一个军火承包商的名字，“U.S.”是美国的缩写。而凑巧的是，“Uncle Sam”的缩写也是 U.S. 所以有人开玩笑地说，U.S 就是“Uncle Sam”（ 山姆大叔）。Uncle Sam 和 United States 就这样被放在了一起。这件趣事传开后，“山姆大叔”名声大振，Uncle Sam 这一名称也不胫而走。人们把那些军需食品都称为“山姆大叔”送来的食物。

战争之后，政治漫画里开始出现了一个名叫“山姆大叔”的人物。Uncle Sam 一般被描绘成身穿星条旗纹样的礼服，头戴星条旗纹样的高礼帽，身材高瘦，留着山羊胡子，有着鹰钩鼻子，精神矍铄的老人形象。这个漫画形象是由著名画家詹姆斯·蒙哥马利·弗拉格（James Montgomery Flagg）依据自己长相为公共资讯委员会而画的。后来“山姆大叔”这一形象逐渐被人们所接受。Uncle Sam 的文字记录第一次是出现在 1813 年 9 月 7 日的《特洛伊邮报》，1816 年，Uncle Sam 又作为主人公出现在一部名叫《山姆大叔历险记》（The Adventure of Uncle Sam）的书中。1961 年，美国国会正式承认“山姆大叔”为美国的民族象征。

美国简介

美国的全称为“美利坚合众国”（The United States of America），本土面积仅次于俄罗斯、加拿大和中国，是世界上第四个陆地面积最大的国家。位

于北美洲南部，东临大西洋，西濒太平洋，北接加拿大，南靠墨西哥及墨西哥湾。美国的官方语言是英语，首都为华盛顿，其全称为“华盛顿哥伦比亚特区”，即 Washington DC（DC 代表

District of Columbia)，是为纪念美国开国元勋乔治·华盛顿和发现美洲大陆的哥伦布而命名的。

美国的国旗为星条旗（The Star-Spangled Banner)。1776 年 7 月 4 日，美利坚合众国诞生。1777 年 7 月 14 日，美国国会通过决议制定了美国国旗。由于当时参与合众国的只有 13 个州，国旗就由 13 条红白相间的横条和 13 颗衬以蓝底的白色星星组成。同时还对国旗上的三种颜色——白、红、蓝的意义进行了解释：白色代表廉洁公正，红色代表勇敢无畏，蓝色代表坚忍、警惕和正义。

美国自独立后，由于各州陆续加入联邦，1818 年 4 月 4 日国会通过议案："每当合众国接纳一个州，一颗新星将于下一年的 7 月 4 日添入国旗。"现在美国国旗上的星星已经增加到 50 颗，它们代表着美国的 50 个州。美国的国歌名为《星条旗永不落》，国花是玫瑰花。美国人普遍认为玫瑰花是爱情、和平、友谊、勇气和献身精神的化身，白宫内就有一座"玫瑰园"。美国人还把"Uncle Sam"诚实可靠、吃苦耐劳以及爱国主义的精神视为自己民族的骄傲和共有的品质。从此这个绰号便流传了下来。第一次世界大战中曾出现过"山姆大叔"号召美国青年当兵的宣传画，流传很广。美国的报纸杂志、文学作品和漫画中，经常可以看到"山姆大叔"的名字及其生动的形象。

知识链接

詹姆斯·蒙哥马利·弗拉格是美国的插图画家和作家，作品尤其以爱国战争海报和杂志美女插图著名。他的第一次世界大战期间画的征兵海报——《山姆大叔说"我要你加入美国军队"》，在第二次世界大战期间再次印刷。弗拉格先后在纽约、英格兰和巴黎学习艺术，他还画肖像画并写小说，代表作品包括《洋基女孩在国外》(1900 年）和《如果——不文明举止指南》(1905 年)。《玫瑰与子弹》(1946 年）是他的自传。

动动手

大家去了解一下美国的历史，看看有哪些重要的事件。

关于“duck”

知识点

英语中关于“duck”的故事和短语有很多，下面我们来了解其中几个。

大家都见过可爱的鸭子吧，同样丑小鸭的故事很多人也都已经听过，但是在英语学习中“duck”不仅仅是“鸭子”的意思，以这个最基本的含义为基础可以延伸出很多其他的短语。

ugly duckling

丑小鸭的故事出自《安徒生童话》(Andersen's Fairy Tales)。池塘（pond）边的一位鸭妈妈孵出了很多小鸭子，其中有一只很与众不同——他长得很丑很丑。因为这个，大家都不喜欢他，他经常挨打，还受到大家的排挤（push aside），大家都叫他“丑小鸭”(ugly duckling)。丑小鸭感到十分悲哀，因为自己长得那么丑陋而成为其他鸭子嘲笑（laugh at）的对象。后来的情况越来越糟糕，大家都要赶走可怜的丑小鸭，就连他自己的兄弟姐妹也对他很差，他自己的妈妈也说:“我希望你走远些！”于是丑小鸭就飞过篱笆（fence）逃走了，他闭起眼睛，一直往前跑，一口气跑到了一块住着野鸭的沼泽地（marsh）里。

春去冬来，经历了无数的冒险（adventure）和流浪，忍受着冷遇与奚落（taunt)，但是丑小鸭始终没有放弃（quit)，他一直都在坚持不懈地追寻（pursue）自己的理想世界。后来，在一个阳光明媚的春日，他来到了一座大花园。忽然间有三只美丽的白天鹅（white swan）朝他游过

来，停在他身边并且亲切地亲吻他。这时候，丑小鸭才发现自己已经变成了一只美丽出众的天鹅。丑小鸭在历经千辛万苦、重重磨难之后终于变成了白天鹅，的确，是金子总会发光。命运其实没有轨迹，没有谁一出生就注定要怎样，关键在于自己对美好境界与理想的追求。生活中的挫折（frustration）和痛苦（suffering）是不可避免的（unavoidable），但是要学会把它们踩在脚下，作为成功路上的辅助力量。相信每个人都会有一份属于自己的梦想，只有在不懈的坚持（persistence）与努力（effort）中才会知道自己原来也可以变成“白天鹅”。

因为这个故事，ugly duckling 也成为英语中的一个词语，直译为“丑小鸭”，比喻“备受排挤的小人物”或“小时候难看长大后好看的人”。例如：The beauty was once a ugly duckling.

关于“duck”的短语

看了丑小鸭的故事你有没有感触很深呢，有没有想到自己的梦想呢？我们要相信人只要有了梦想，那么一切也都变得有可能了。英语中关于鸭子的短语还有不少呢，一起来看看吧。

◎ break one’s duck

想一下，看球赛的时候哪一刻是最让观众欢呼雀跃的，哪一刻是最激动人心的？我想应该是比赛已经到了尾声，足球赛中一个扭转局面的射门，或篮球赛中一个反败为胜的扣篮。赛事中这样的“大逆转”在英语里

的表达为“break one’s duck”，也就是“打破失利局面，在最后时刻得分”的意思。

看到这个短语的时候，的确很难把它和上面的意思联系在一起。其实这个短语的完整形式是“break one’s duck’s eggs”（突破零分），源自英国的绅士运动“板球比赛”。在板球比赛中，如果击球手在一局中没有进球，记分员就会在他的名字后面画上一个“零”。很显然，“duck’s egg”是对我们所说的“零蛋”的戏称，而“break one’s duck’s eggs”自然就是指“突破零纪录”，一般直接写为“break one’s duck”。有趣的是在美国，“零蛋”常用“goose egg”来表达。

◎ lame duck

从字面上看 lame duck 的意思是就是“跛足鸭子”，我们都知道鸭子走起路来本来就是摇摇摆摆，如果再加上跛足，那更是举步维艰了。因此，lame duck 的比喻义就是“不能有效地办事的人或机构”、“不中用的人”。

lame duck 还有另一个意思是指“任期将满的官员”。尤其是在美国政界，人们常用 lame duck 来形容任期将满的政治人物的窘境，特别是第二任期快结束的总统。

◎ sitting duck & dead duck

看到“坐着的鸭子”你想到了什么呢？当然，sitting duck 是一个俗语，它的意思是“很容易受骗或被打击的对象”。

“The battleships and destroyers were sitting ducks when the Japanese bombers swept in from the sea.”（当日本轰炸机从海上飞来的时候，那些战舰和驱逐舰只能束手就擒。）这句话是说发生在第二次世界大战时的“珍珠港事件”。

就像我们上面所说的，一个“sitting duck”是很容易被骗或受到打击的。那么当某种情况处于一个毫无希望的境地，任何帮助都无济于事时，就被称为“dead duck”。这个俗语可以用在生活的各个方面。

知识链接

汉斯·克里斯蒂安·安徒生（Hans Christian Andersen）是丹麦作家、诗人，因为他的童话故事而世界闻名。他最著名的童话故事有《坚定的小锡兵》《冰雪女王》《拇指姑娘》《卖火柴的小女孩》《丑小鸭》和《红鞋》等。

动动手

和大家分享一下自己的梦想吧，相信你也会是未来的“白天鹅”！

真假之事

知识点

“鳄鱼的眼泪”比喻假慈悲，“披着羊皮的狼”比喻貌善心恶的人，“分开绵羊和山羊”是指区别好坏、优劣。

“真作假时假亦真，假作真时真亦假”，这么绕口的一句话说明了真真假假有时候确实是很难分辨的。看到鳄鱼的眼泪大家就很容易被欺骗，还有羊群中可能会隐藏着狼，但是披着羊皮就很难被发现了，来看看到底是怎么回事吧。

鳄鱼的眼泪

鳄鱼（crocodile）是热带肉食性动物，由于它形状丑恶，生性暴虐、凶残，被人们视为水中恶霸。

在古代传说中，鳄鱼非常阴险狡猾（insidious），它往往发出会呻吟和哀叫声，诱使行人或动物上当。当它诱捕到食物时，会一边贪婪地（greedily）吞食，一边假惺惺地流下几滴眼泪。14世纪英国作家曼德维尔（Mandeville）在他所著的《约翰·曼德维尔爵士航海及旅行记》（*The Voyage and Travel of Sir John Mandeville*）一书中记载了这一传说。此后，“鳄鱼的眼泪”（crocodile tears）就逐渐被广泛地引用，比喻“假慈悲”。英国哲学家（philosopher）培根（Francis Bacon，1561—1626）就曾经讥讽鳄鱼吞食时掉眼泪的智慧，莎士比亚（Shakespeare）和其他许多作家也都曾经在自己的作品中引用这一形象生动的典故。

事实上（In fact），鳄鱼这种掉眼泪的行为完全是一种生理现象

(physiological phenomenon)：鳄鱼的肾脏（kidney）十分不健全，为了排泄（excrete）体内过度的盐分，于是就逐渐发展出帮助肾脏工作的一种特殊腺体（gland）——盐腺。而这些盐腺都集中在眼睛周围，所以鳄鱼的“眼泪”其实是它在吞食东西时眼睛附近的盐腺正常分泌出来的盐液。短语 crocodile tears 与动词连用时常用 shed（流）。例句：She thought she would be forgiven if she shed crocodile tears.（她以为流几滴假伤心的眼泪就会得到原谅了。）

披着羊皮的狼

《新约圣经·马太福音》中第七章第十五节记载：耶稣在加利利一带传道布教（propagate doctrines of the ancient sages），收了很多信徒（follower）。有一天，他对信徒们说：“Beware of false prophets，which come to you in sheep's clothing，but inwardly they are ravening wolves。”（你们要防备假先知，他们到你们身边来，外面披着羊皮，里面却是残暴的狼。）

《伊索寓言》里也有一篇故事叫做《披着羊皮的狼》。故事说有一只狼想吃羊，但是他害怕警惕的（vigilant）牧羊人和牧羊犬（shepherd）。有一天狼发现了一块羊皮，便披着它混入羊群。有一只小羊羔把这只披着羊皮的狼误认为是自己的妈妈，就跟着它离开了羊群。狼成功地（successfully）欺骗了羊群，吃掉了小羊羔。这个简单的小故事告诉我们事物的外表有时候会掩盖它的本质（nature），所以我们不能只凭表面现象就做判断。

由此，产生了“披着羊皮的狼”（wolf in sheep's clothing）这个短语，用来比喻“伪装友善的敌人”、“口蜜腹剑、貌善心毒的人”。还有另一种写法是 wolf in a lamb's skin. 例句：If I were you，I wouldn't trust him. He's a wolf in sheep's clothing.（如果我是你，我是不会相信他的。他是一只披着羊皮的狼。）

山羊和绵羊

《新约圣经·马太福音》第二十五章第三十二节中有这样的记载：And before him shall be gathered all nations and he shall separate them one from another，as a shepherd divide his sheep from the goats."（万民都要聚集在他面前，他要把他们分别出来，就好像牧羊人分开绵羊、山羊一般。）《圣经》里说牧羊人要分辨绵羊和山羊，会把绵羊安置在右边，山羊在左边。据说野山羊常混进羊群里引诱绵羊，所以牧羊人必须把它们区分开来，以免混淆。

后来人们就用“分开绵羊和山羊”（separate the sheep from the goats）这个词汇来比喻 to separate the good from the wicked; to divide good or useful people from bad or useless，即“分清善良和邪恶”、“区别好坏、优劣”等。

由于《圣经》的影响，绵羊（sheep）和山羊（goat）在英语中的形象截然不同。sheep 被用来比喻好人，good 则比喻坏人。所以英语中有关 goat 的词汇大多带有贬义。例如：to play the goat 相当于 to play the fool 表示瞎胡闹、装傻；to get somebody’s goat 表示触动肝火、惹某人发火等。

知识链接

培根是英国文艺复兴时期最重要的散文家、哲学家，被马克思称为“英国唯物主义和整个现代实验科学的真正始祖”。

动动手

《伊索寓言》里的小故事蕴含着大智慧，找来看看吧。

关于“French”

知识点

英语中有很多与国家相关的复合短语，普通名词前加上这些国家修饰后，意义就不同了，让我们学习一下有关French的短语。

法国（France）是欧洲国土面积第三大、西欧面积最大的国家，首都巴黎被誉为“浪漫之都”、“世界时尚中心”。在英语学习中，“French”可是作出了不小的贡献呢，一起来了解一下，顺便看看法国。

相关短语

首先来看一个很常见的短语吧：take leave，大家都知道它是“离开、告别”的意思。如果在中间加一个单词成为 take French leave 可就大不一样了，望文生义就是法国式离别，到底是什么意思呢？

据说在 17 世纪的法国流行一种习俗（custom），人们去参加宴会（banquet），要离开的时候往往不会向主人告辞，就直接离席而去。而在英国人（British）看来，不向主人打招呼就直接离开是一种十分失礼的（impolite）行为，所以他们就把这种擅自离席的行为叫作 French leave，按照字面的意思就是“法国式告别”，通常和动词 take 搭配。现在我们知道，事实上并不是法国人不懂礼貌，只是因为每个国家的

国情和习俗不同，因此人们的行为方式（behavioral pattern）就存在较大的差异（difference）。后来，在英语中，“法国式告别”（take French leave）就有开玩笑或者戏谑的色彩，用来指“不辞而别”、“擅自离开”等。例句：He took French leave and slipped out of the classroom when nobody was watching.（他在没有人注意的时候擅自溜出教室。）

除此之外，还有一些固定搭配。例如：French chalk 不是“法国粉笔”，而是指“滑石粉”；French letter 不是“法国信”，而是指“避孕套”；French dressing 是指一种由橄榄油（olive oil）、醋（vinegar）、盐（salt）、香料（spice）等制成的生菜（lettuce）调味品（condiment）；French grey 是指浅灰色，也就是 light grey，与它对应的深灰色是 dark grey；French window 是指落地窗、落地长窗；French fries 是指炸薯条。

例句：We live in a room facing the sea，which has a French window.
（我们住的那间靠海的房间有落地窗。）
Many people like French dressing when they eat salads.
（很多人喜欢在吃沙拉时加一种法国作料。）

法国

法国的全称为法兰西共和国（The Republic of France），位于欧洲大陆西部，是西欧面积最大的国家，首都是巴黎（Paris）。法国现在的国旗——三色旗（tricolor），是法国大革命（the Great French Revolution，1789）时巴黎国民自卫队队旗。白色代表国王，蓝色与红色代表巴黎市民，是王室和巴黎资产阶级联盟的象征。今天的法国人民也认为，三色旗上的蓝色象征自由，白色象征平等，而红色代表了博爱。1946 年宪法（constitution）确认三色旗为国旗。作于 1792 年的自由的赞歌——《马赛曲》，在 1795 年被国

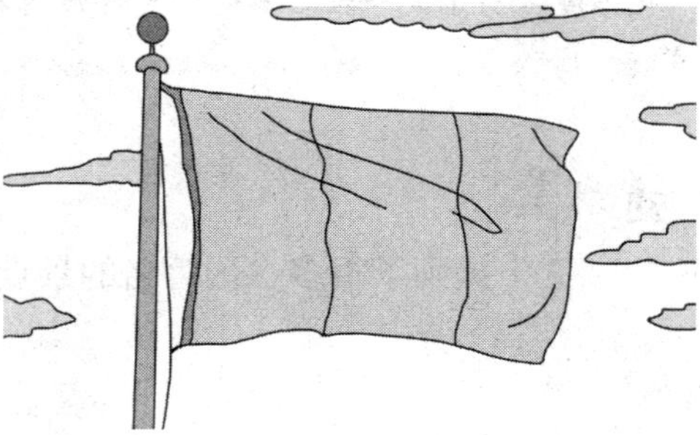

会（parliament）正式通过定为法国国歌。

巴黎大学（University of Paris）不仅是法国国内有名的大学，也是一所在国际上享有盛名的综合大学，创办于12世纪初期。它与意大利的博洛尼亚大学（University of Bologna）以及萨莱诺大学（University of Salerno）并称欧洲最早的三所大学，被誉为“欧洲大学之母”。巴黎大学历来重视科学研究，重点在基础理论研究方面。有趣的是，巴黎大学没有宿舍（dormitory）和食堂（refectory），所有学生都是自己在外面找房子住，吃饭也在外面，比较好的是凭着学生证（student's identity card），可以在巴黎的几十家学生餐厅吃经济实惠的午餐。

法国得天独厚的地理位置使其拥有丰富的自然与文化遗产（natural and cultural heritage），因此旅游资源也很丰富。巴黎凯旋门（the triumphal arch）是法国为纪念拿破仑（Napoleon）于1806年2月在奥斯特里茨战役中打败俄奥联军而建的，坐落在巴黎市中心星形广场。埃菲尔铁塔（Eiffel Tower）位于巴黎市中心的塞纳河（Seine River）南岸，是世界上第一座钢铁结构的高塔，被视为巴黎的象征。它和纽约的帝国大厦、东京的电视塔一起被誉为世界著名三大建筑。除此之外，还有卢浮宫（Louvre）、巴黎圣母院（Notre Dame de Paris）、香榭丽舍大街（Champs Elysees）、凡尔赛宫（Versailles）等著名景点吸引着无数国内外游客。

知识链接

奥斯特里茨战役是一场著名的战役，因为参战方为法国皇帝拿破仑，俄国沙皇亚历山大一世，奥地利皇帝弗朗茨二世，所以又称“三皇之战”。

动动手

文中提到了很多法国著名的景点，找自己感兴趣的了解一下。

关于“fish”

知识点

简单的“鱼”在英语中也是很有学问的，本篇给大家介绍fish的多种用法。

不知道大家有没有养过小鱼，或者说喜不喜欢吃鱼呢，下面要学习的内容都是关于“fish”的。一个小小的“fish”在英语中有很多不同的用法呢，并且都不是简单的字面意思哦。

fish 的基本用法

看到这里的“fish”，大家首先想到的就是“鱼”吧。这当然没有错，实际上这个看上去并不难的单词的用法可不是这么简单。

“fish”用作可数名词指“鱼的条数”时，它的单数和复数形式相同，例如 ten fish（十条鱼）；当它指“鱼的种类”时，复数形式为 fishes，例如 two fishes（两种鱼）；fish 用作不可数名词时，是指“鱼肉”，例如在对话中常见的“Help yourself to some fish”（随便吃些鱼）。说了这么多，fish 还可以用作动词呢，它的含义当然就是“钓（捕）鱼”了，例如 go fishing（去钓鱼）。

再来看看由 fish 构成的生动有趣的习语，like a fish out of water 直译为“像鱼离开水一样”，喻指“如鱼离水、感到生疏”；fish in the air 直译就是“空中钓鱼”，用来比喻“方法（向）不对而达不到目的”，相当于汉语中的成语“缘木求鱼（爬到树上去找鱼，比喻方向或办法不对，不可能达到目的）”；feel the fishes 喻指“葬身鱼腹”。还有一个比较口语化的说

法是 other fish to fry，从字面意思来看就是“有另外有条鱼要煎”，到底是什么意思呢，看看下面的例句：His mother was seriously hurt in an accident and he told his family he could not come back because he had other fish to fry—a million-dollar deal. 原来这里是“另有要事要办”的意思。

在口语中，fish 还常常被用来指“人”，这个时候就没有任何的“鱼”味了。常见的有：a poor fish（可怜虫），a dull fish（钝汉），a big fish（大亨），a cool fish（无耻之徒），a strange fish（奇人、怪人）等，通过这些例子也不难看出 fish 用来指人时往往含有贬义。例句：Let's not invite Joe to the party. He's such a cold fish. He'll spoil it for everybody else.（别请乔来参加派对。他对人冷淡，太不友好。他来了会扫了其他人的兴。）

关于 fish 的短语

◎ fish in troubled waters

这个短语的意思是可以望文生义的，有没有想到呢，它是指“浑水摸鱼”或“趁火打劫”。fish in troubled waters 出自《伊索寓言》中的一个小故事：有一个渔夫到河里去捕鱼，他先把渔网撒在河道里，然后拿一根系着石头的绳子不停地拍打水面。于是河水就变得浑浊不堪，河里的鱼儿都在慌乱中纷纷钻进了渔夫撒的网里，渔夫也因为这个方法捕到很多鱼。住在这里的人都指责渔夫，因为他们全靠着这条河生活，渔夫把水弄得浑浊不堪，影响到了他们的生活，渔夫却说："如果我不这么做，就会被饿死啊，我是以此为生的。"

后来人们就用 fish in troubled waters 来比喻"从混乱中获利"、"不考虑别人的利益只为自己谋私利"，并由此衍生出"浑水摸鱼"、"趁火打劫"这些比较常用的成语。例句：Those who made large profits during wars were fishing in the troubled waters.（那些发战争财的人简直是趁火打劫。）

◎ neither fish nor flesh

这个短语的意思是"非驴非马"、"不伦不类"。该词汇来自于公元 16 世纪欧洲的宗教改革时期。那个时候，教会分裂为天主教和新教两大教派。一般来说，国王、贵族们信仰天主教，而平民百姓和一些低层次的教士则信仰新教。天主教主张吃素吃鱼（在欧洲人眼里，鱼肉也是素食类），新教则反对禁欲，可以吃荤食。在那个时候，有些教徒不明确表明自己的信仰，人们就用 neither fish nor flesh 来讽刺他们，其中的鱼是代表天主

教，肉就是指新教。

后来这个短语的意义扩大，用来比喻不确定的人或事物。它用在口语中的时候，常含有轻蔑的意味。例如：This book is neither a historical essay nor a novel; it is neither fish nor flesh.（这本书既不是历史论文，也不是小说，简直是不伦不类。）

知识链接

含 fish 的谚语

1. Never offer to teach fish to swim. 不要班门弄斧。
2. No choice amongst stinking fish. 天下乌鸦一般黑。
3. Fish begins to stink at the head. 上梁不正下梁歪。
4. Better are small fish than an empty dish. 有胜于无。
5. He who would catch fish must not mind getting wet. 不入虎穴，焉得虎子。

动动手

fish or cut bait 和 fishing expedition 是两个不太常见的短语，查查是什么意思。

两个“tower”

知识点

象牙塔一般是指脱离现实的地方，也可以指大学校园，通天塔则是出自《圣经》。

大家应该都有听说过象牙塔，都知道它是指大学校园，其实它最初的意思指的是脱离现实的地方。通天塔则是出自《圣经》中的故事。下面来了解一下它们各自的故事。

象牙塔

象牙塔（Ivory tower）出自 19 世纪法国文艺批评家奥古斯丁（Sainte-Beuve Charles-Augustin，1804—1869）创作的《致维尔曼》。他用“象牙塔”来批评同时代的阿尔弗雷德·德·维尼（Alfred de Vigny，1797—1863）。维尼是法国浪漫主义（romanticism）诗人，生性孤独高傲。他的诗歌中包含着丰富的哲理（philosophy），通常采用象征（symbolization）化的手法来表达“人生孤独冷漠、只有沉默（silence）才伟大”的哲学思想。由于对现实的极度不满，维尼在还不到 40 岁时就选择了隐居（reclusion）。维尼的作品中弥漫着悲观（pessimistic）、消极的（negative）情绪和论调。他企图从现实生活中超脱出来，进入个人主观幻想的艺术天地。因此，奥古斯丁批评维尼把自己关在个人的小天地——“象牙塔”内，逃避现实（reality）。

后来，“象牙塔”一词逐渐被广泛地（widely）运用到社会生活中，用来表示“脱离现实的小天地、与世隔绝的梦幻境地、逃避现实生活的世

外桃源、隐居之地”等。在生活中，大学校园（university campus）常常被比作“象牙塔”。鲁迅先生曾经号召革命（revolution）的文艺家要走出象牙塔，走进社会中去，到旋涡的中心里去，这样才能创作出反映现实生活的好作品。大学是很多人所向往的地方，大学生活是美好的，象牙塔是还没有走进大学的人们用来表达自己的希望和憧憬。

除此之外，在《圣经·旧约·雅歌》（the Old Testament，song of songs）第七章第四节中记载，睿智富有的以色列王所罗门（Solomon）曾做诗歌1005首，其中《雅歌》都是爱情之歌。在第5首歌中，新郎是这样赞美新娘的，“Your neck is like an ivory tower. Your eyes are pools in Heshbon，by the gate of Bath-rabbim…”（你的颈项如象牙塔；你的眼目像希实本巴特那拉并门旁的深潭……）很明显这里的“象牙塔”是用来描述新娘美丽的颈项。

通天塔

通天塔（The Tower of Babel）出自《圣经·旧约·创世记》第十一章，

其中记载：人类联合起来兴建希望可以通往天堂的高塔，上帝为了阻止人类的计划，就让人类说不同的语言（language），使人类相互之间不能沟通，于是兴建通天塔的计划因此失败（fail），人类自此各散东西。这个故事也试图解释为什么世上会出现不同的语言和种族（race）。

故事的源起是这样，在讲到诺亚方舟的时候说到上帝给人类带来了洪水，洪水大劫过后，天上出现了第一道彩虹（rainbow）。上帝用彩虹与地上的人们立下约定，不再用洪水毁灭大地。并且自那以后，天下人都讲同样的语言，都有一样的口音（accent）。诺亚的子孙在大地上不断繁衍，越来越多，遍布地面，于是他们就向东迁移。在示拿地（古巴比伦附近），他们遇见一片平原，就定居（settle）下来。有一天，有人提出一个问题："我们怎么知道不会再有像诺亚时代那样的大洪水将我们淹死？"有人回答说："这有彩虹为证啊，当我们看到彩虹，就会想起上帝的诺言（promise），他说过永远不会再用洪水毁灭世界。"又有人争辩说："但是没有理由要把我们的将来以及我们的子孙的前途寄托在彩虹上呀，我们应该做点什么，以免洪水再发生。"于是，他们彼此商量了很久之后决定先造砖，最后他们终于决定要建造一座城市和一座高塔，塔顶可以通向天上。这样不仅可以扩大他们的名声，还可以避免他们分散在地上。

人们拿砖当石头，又拿石漆当灰泥，开始了伟大的工程。由于大家语言相通，同心协力，建成的巴比伦城繁华而美丽，高塔直插云霄，似乎真的要与天公一比高低。没想到人们的举动惊动了上帝，上帝发觉自己的誓言受到了怀疑（doubt），而上帝是绝不允许人类怀疑自己的誓言的，就像人们不喜欢别人怀疑自己那样。上帝决定惩罚（punish）这些忘记约定的人们，就像当初惩罚偷吃了禁果的亚当和夏娃一样。另外，他看到人们这样齐心协力，统一强大，心想：如果人类真的修成宏伟的通天塔，那以后还有什么事干不成呢？一定得想办法阻止他们。于是上帝悄悄地离开天堂来到人间，异化人类的语言，使他们因为语言不通而分散在各处，那座塔也就半途而废了。高塔中途停工的画面在宗教艺术中有象征意义，表示人类狂妄自大最终只会落得混乱的结局。

知识链接

维尼的诗歌仅有《古今诗集》和遗著《命运集》，其他作品有历史小说（historical novel）《桑·马尔斯》（1826）、中篇小说集《军人的荣誉与屈辱》（1835）、剧本《夏特东》（1835）等。

动动手

你心中的大学是什么样子，是不是也是一座象牙塔，分享一下吧。

第5章

“颜色”英语

黑色

知识点 英语中有很多和颜色有关的说法，但是它们表达的意思却和颜色没有关系。

说到黑色人们联想到的往往会是悲哀、罪恶等，其实黑色也可以流露出高雅、热情、神秘、力量等。语言学习中的黑色也分正面和负面，例如某些精美的东西可以被描述为黑色领带 (black tie)，或者一个跆拳道高手可以被说成黑带 (black belt)，一个人可能是流氓 (blackguard)、害群之马 (a black sheep) 或者上了黑名单 (blacklist)。

“黑色”动物

大家要知道，下面的“dog”、“sheep”等可不能简单地翻译为我们所熟知的小狗、绵羊，和 black 连用时意思就不一样了。

◎ black dog

古罗马诗人（poet）兼文艺（literature and art）理论家贺拉斯（Horace，公元前 65—公元前 8）曾经写过，如果你看见一只带着小狗的黑色大狗，那就是遇上了不祥之兆（evil sign）。

德国诗人歌德（Goethe，1749—1832）所著的《浮士德》（*Faustus*）中，当魔鬼梅菲斯特（Mephisto）要引诱浮士德博士（Doctor Faustus）时，就会化身为一只黑色的狮子犬。当人们见到不祥之物，或是和魔鬼打交道时，自然会眉头深锁、闷闷不乐、精神沮丧。因此 black dog 就用来表示“精神沮丧”、“意志消沉”、“闷闷不乐”。

◎ black swan

大家听到天鹅（swan）的时候，心里首先想到的应该是白色吧，确实，在人们心目中的天鹅多半是白色的，著名的芭蕾舞曲（ballet）《垂死的天鹅》也是描写白天鹅。由此可见，黑天鹅是稀有罕见的。因此，black swan 就被比喻为少见而美好的人或事物，相当于“凤毛麟角”的意思。

据说，古罗马诗人兼讽刺（sarcasm）作家尤维纳利斯（Juvenal）把黑天鹅称为 rara avis（拉丁文，相当于英文的 rare bird，意指罕见的鸟）。另外，英语中表示“凤毛麟角”意思的还有 white crow（白乌鸦），我们常见到的乌鸦大部分都是黑色的，白乌鸦当然就是凤毛麟角了。

◎ black friday

在西方国家，人们常常把倒霉的日子称作“black Friday”（黑色星期五）——不管那一天是不是星期五。关于它的由来有不同的说法。

相传耶稣就是在星期五那一天被钉在十字架上，后来只要是复活节前的星期五，牧师都穿着黑色的祭服。所以，这个不吉利的日子就被称作“黑色星期五”，用来比喻“倒霉的日子”。但是如果专指“耶稣受难日”时，就要用 Good Friday。还有一种说法是，历史上在星期五发生的灾难性（catastrophic）事件特别多，例如美国纽约证券交易（stock exchange）股票暴跌，在同一年爆发了全球性金融危机（Global Financial Crisis），这些事件都发生在星期五。

在西方人的思想中，不仅星期五代表着坏运气（bad luck），数字 13 也是被很多人所忌讳的。如果两个不幸的个体结合——星期五与 13 号重合，就变成超级不幸的一天、特大倒霉日了。到现在为止，很多西方国家在给街道和建筑命名时仍不使用 13 这个数字，飞机上不设 13 号座，船上不设 13 号舱。如果星期五那天恰好是日历上的 13 日，人们会将其称作“黑色星期五”。在这一天，医生们不会去做任何重要的手术。

其他词汇

◎ black sheep

汉语中的成语“害群之马”出自《庄子·徐无鬼》，是指危害马群的劣马，比喻危害社会或集体的人。英语中的害群之马可与 horse 没有关系，而是与黑毛的羊有关的，叫作 black sheep。

长着黑色羊毛的羊在绵羊中是比较少见的，旧时在牧羊人（sheepherder）中流传着一种迷信思想（superstition），人们认为黑绵羊是魔鬼的象征，养黑羊是一件倒霉的事情。因为黑色的羊数量少，羊毛也就少，当时的染料（dyestuff）又比较贵（expensive），效果也不是很好，所以就不如大量存在的白色羊毛值钱。黑羊（black sheep）也常常被认为是没有用的（useless），牧羊人也会因为羊群中有黑羊而叹息自己的厄运（adversity）。black sheep 的词义也随之被引申为“败类”、“有辱门楣的人”、“害群之马”。有一句常说的谚语：There is a black sheep in every flock.（害群之马到

处有。）

◎ blackmail

看见 blackmail 这个单词，大家是不是想到了黑色的邮件呢？其实，这里的 mail 和我们知道的邮件是风马牛不相及的，它是指“敲诈”、“讹诈”、“勒索”的意思。在早期的苏格兰方言中，mail 是指“地租”或者“租金”。直到现在，苏格兰语中的“佃农”仍然可以称为 mailer。而 blackmail 之所以会有上面说到的意思，是因为曾经在英格兰北部和苏格兰高地地区，一度盗贼猖獗，危害当地的人们。这些人除了四处劫掠之外，还强迫农民进贡粮食和牲口，这些供品就被叫做 blackmail。随着时间的推移，blackmail 也不再指被迫进贡的物品，而是用来指“索取钱财物品的不义手段”——“敲诈”、“讹诈”、“勒索”等意思。

知识链接

1. The black sheep of the family. 家族败类。
2. The President said he wouldn't be blackmailed into agreeing to the terrorists' demand. 总统说他不会因为受恐怖分子的威胁而答应他们的要求。

动动手

这些看似简单的单词可是很有学问的，大家要记住并且多练习使用吧。

白色和红色

知识点　白色和红色是英语中的常见颜色，也是在生活中用得比较多的颜色。

白色一般都代表了公正、纯洁、端庄、正直，西方文化中认为白色高雅纯洁，所以它是西方文化中的崇尚色，象征纯真无邪。它也是婚纱的主要色彩。红色则代表了活泼、积极、热情等，由于红色容易引起人们的注意，因此许多警告标记都用红色的文字或图像来表示。

白色

白色在生活中是随处可见的，white 这个英语单词也是不难的。

◎ white elephant

首先来看一个短语：white elephant，直译当然就是“白象”了，比喻的却是“贵重却无用反而成为负担的财产”。在印度（India）、斯里兰卡（Sri Lanka，以前称为锡兰 Ceylon）、泰国（Thailand）、缅甸（Burma）等国，白象被视为神圣不可侵犯的动物，人们从来不会让它们劳作。据说要饲养一头白象花费相当惊人，所以，以前中亚

的国王对中意的大臣就会赐给白象，而这会使他为饲养御赐的白象倾家荡产。由此，“white elephant”一词后来逐渐演变为指价值或效用与所需费用不成比例的东西，或虽然不需要但难于处理的物品，也就是用来比喻“贵重却无用反而成为负担的财产”。

也正是由于“white elephant”有上述的用法和意义，产生了“a white elephant sale”（白象义卖）。不过千万不要以为这种以慈善为目的的义卖所卖的是白象，而是爱心人士捐出的家里不再需要的一些物品。

【相关翻译】

汉语—英语	英语—汉语
白班　day shift	white alert　解除警报
白鹭　egret	white collar worker　白领工作者
白喉　diphtheria	a white night　不眠之夜
白金　platinum	to see the white　见世面
白痴　idiot	to show the white feather　显示懦弱
白铁　galvanized iron	white books　政府公文（白皮书）
白眼　supercilious look	the white terror　白色恐怖
白血病　leukemia	to bleed white　被榨尽血汗
白内障　cataract	the white army　白军
白开水　plain boiled water	to leech sb. white　吸干某人的血
白粉病　powdery mildew	a white day　吉祥之日
白手起家　to start from scratch	to stand in a white sheet　公开忏悔

红色

看过了朴素纯洁的“white”，再来看看热情的“red”。

◎ in the red

该短语的意思是“负债、赤字、亏损”，起源于 20 世纪 20 年代的美国。在会计学上通常用红墨水记录债务，用黑墨水记录利润。

◎ red herring

该短语字面意思为“红色鲱鱼”，比喻“为转移注意力而提出的不相干的事实或论点”。以前在鲱鱼数量很多的时候，对于美洲和欧洲地区的人来说，它是一种很重要的食物，以至于许多作家都把大西洋称为the herring pond。后来由于过度捕捞，鲱鱼的数量开始急剧减少。又因为鲱鱼很容易变质，人们就想出一个保存的方法，即先撒上盐之后用烟熏干，这样鲱鱼的颜色就变成深红色，也就是 red herring 了。

人们有时候还把鲱鱼用线拴住放到有狐狸出没的地方，用它特殊的味道来吸引猎犬，以此来测试猎犬的搜寻能力，看它是否能够抵抗其他的味道，继续寻找狐狸的踪迹。由此，人们开始用 red herring 来表示为迷惑对手而提出错误的线索或伪造的事实。

【相关翻译】

汉语—英语		英语—汉语	
红茶	black tea	red alert	（台风、空袭）紧急警报
红利	bonus	the red carpet	隆重的欢迎
红榜	honor roll	red battle	一场血战
红薯	sweet potato	red ruin	火灾
红心	loyal heart	red herring	无关紧要的题外话
红宝石	ruby	red-eye	廉价的威士忌酒
红外线	infrared rays	red ball	特快列车
开门红	make a good start	red box	英国大臣用的文件匣
红白事	weddings and funerals		
走红运	to have a good luck		
大红人	a favorite with sb. in power		
红绿灯	traffic light		
红得发紫	extremely popular		
看破红尘	see through the vanity of the world		

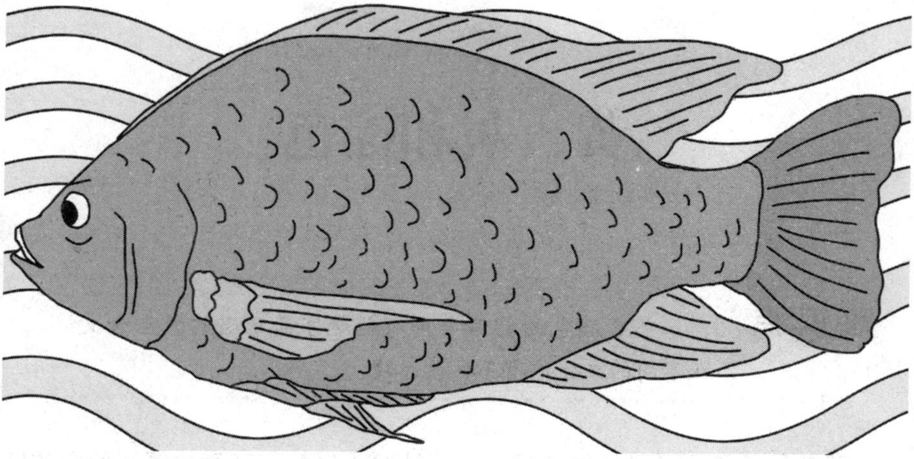

知识链接

red-letter day 指“重要的值得纪念的日子”。

red tape 指“繁文缛节，官样文章”等。

国际红十字会（International Red Cross 或 IRC），各国及各地区的“红十字会”也叫“Red Cross”，如中国红十字会 Chinese Red Cross。

动动手

翻译：The new opera house will be a white elephant：it is too small for proper opera productions and no large opera company will want to use it.

（参考答案：这座新剧场将是无用而累赘的东西：对于正规歌剧来说它太小了，所以没有一家大型歌剧团愿意用它。）

黄、灰和棕色

知识点 关于颜色的英语单词有超越字面意思的社会含义，在不同的文化中有不同的体现。

黄色是通常所说的三原色之一，往往给人轻快、充满希望和活力的感觉，在中国古代黄色代表高贵。灰色则是介于黑和白之间的颜色。棕色则常常使人联想到泥土、自然、简朴等，给人可靠、保守的感觉。

黄色

◎ yellow-belly

该词的意思是“胆小鬼”。在英国英语中 yellow-belly 原指在林肯郡沼泽地出生的人，他们因为恶劣的生存环境而导致肤色呈现病态的黄色，并没有什么贬义。“胆小鬼”是在美国英语中的意思。例如，He is a yellow-belly and you should not send him on such a tough assignment.（他是个胆小鬼，你不应该把这样艰难的工作交给他。）

◎ yellow peril

这个短语的意思是“黄祸”，是殖民主义时期美国和欧洲殖民主义国家煽动对亚洲民族，尤其是对中国的偏见的一个用语，也就是西方观念中所谓的来自亚洲的威胁。最开始 yellow terror 和 yellow peril 指的是 yellow fever（黄热病）。到 20 世纪初的时候，人们用 yellow peril 来表示西方文明社会对神秘、未知的东方游牧部落的恐惧，黄色当然是指亚洲人的肤色。这个短语指代的并不是某一特定对象，其范围是很广的，例如游

牧民族的侵略、上世纪后期日本的经济增长以及中国的人口增长都曾经是它的指代对象。

关于黄祸，有一幅著名的漫画——《世界上的民族，保护你们最宝贵的财产》，画中一个跨着乌云的佛飞向前方，而欧洲民族的代表（法国、德国、意大利等）则不安地注视着他。最早使用黄祸的是马修·菲利普·希尔，他在 1898 年发表了一系列短篇小说，后来这些小说被编在一起，以《黄祸》（*The Yellow Peril*）之名出版。

【相关翻译】

汉语—英语	英语—汉语
黄瓜　cucumber	yellow dog　卑鄙的人
黄鳝　finless eel	You are yellow！　你是胆小鬼！
黄蜂　wasp	yellow belly　可鄙的胆小鬼
黄牛　ox	yellow looks　尖酸多疑的神情
黄豆　soybean	yellow alert　预备警备
黄昏　dusk	yellow steak　胆怯，怯懦
黄鹂鸟　oriole	a yellow-dog contract　以受雇工人不加入工会为条件的雇用契约
黄道吉日　lucky day	
黄土高原　loess plateau	

灰色 & 棕色

◎ gray

我们所熟知的这个单词是形容词，意思是灰色的、灰白头发的。其实，它还可以用作名词和动词，分别表示“灰色”和“使成为灰色或灰白”。

短语 gray hairs 或 gray heads 特指老年人，源于人变老之后，须发都会变成灰白色。而短语 the gray of the dawn 或 the gray of the morning 指的是“黎明时分”，这跟天蒙蒙亮时的灰蒙蒙一片不无关系。因为 gray 是介于 black 和 white 之间，常常有“中立”的意思，如同我们常说的灰色地带（gray area）。

例如：Whenever they made mischief，he tried to stand in the gray.（每当他们搬弄是非时，他总是恪守中立。）

【相关翻译】

汉语—英语	英语—汉语
灰墙　plastered wall	a gray day　阴天
灰暗　gloomy	gray record　古书
灰雀　bullfinch	the gray market　半黑市
灰溜溜　dejected	gray code　反射码
灰心丧气　to lose heart	gray prospects　暗淡的前景
灰色人生观 a pessimistic outlook on life	gray cloth　本布色
	gray collar　服务性的行业
	gray mare　比丈夫强的妻子

◎ brown

brown 和上面的 gray 一样，也是有三种词性，当然所表示的含义都是基于棕色或褐色这个基本意思。

看看这句话：I left him in a brown study thinking over the question. 这里的 brown 和棕色可是没有关系，in a brown study 意为“沉思冥想”。这句话的意思是：我让他沉思，好好地考虑一下这个问题。

英国英语中有 brown August 的说法，因为八月份的时候草木树叶都变成了棕色。当然这是在英国发生的现象，由于所处地理位置的不同，中国的八月还是绿意正浓的时节。

【相关翻译】

汉语—英语		英语—汉语	
棕榈	palm	brown bread	黑面包
棕毛	palm fiber	brown polish	黑白混血儿
棕绳	coir rope	brown rice	糙米
棕竹	a variety of black bamboo	brown sugar	红糖
		brown paper	牛皮纸
		to do somebody brown	使某人上当
		the brown	黑压压的一群飞鸟
		to do it up brown	把什么彻底搞好
		a brownstone district	富人居住区

知识链接

be browned off 这个动词短语是指不满意、生气的意思，如：She was browned off at his boss because he didn’t get a rise.（她因没有加薪而对老板生气。）

动动手

这些看似简单的东西只有用多了才会知道，大家多多练习吧。

蓝色

知识点

blue不仅表示蓝色，还有许多其他含义，形成了诸多固定搭配。

蓝色通常让人联想到海洋、天空、水、宇宙，是永恒的象征。它的种类繁多，每一种蓝色又代表着不同的政治或其他含义，另外以蓝色命名的音乐、书籍、明星也不乏其例。

blue 的用法

在英语中，蓝色称为blue，但blue这个单词除了形容蓝色外，还有其他很多用法。blue在英语中通常用来表示不愉快、抑郁、疲劳、孤独与沮丧等。例如：in a blue mood 和 having the blues 表示情绪低落、忧郁、沮丧、烦闷。而a blue Monday是指倒霉的星期一，如：It was blue Monday and he just didn't feel like going back to work.（倒霉的星期一，又该上班了，他真的不愿意。）

在美国，警察常穿蓝色的制服，所以美国俚语中称警察为blue boys或blue coats；而由于警车常漆成蓝白相间的颜色，因此blue and white也就成了警车的代名词。在美国英语中Blue Book（蓝皮书）是刊载知名人士，尤其是政府高级官员名字的书。

在短语drink till all's blue（一醉方休）中，blue用来形容醉酒。blue在英语中有时还用来指“黄色的”或“格调下流的”，如blue jokes（下流的玩笑），blue films（黄色电影），blue talk（下流的言论）等。

bluestocking 这个词语是指“女学者，假装有学问的女人”。18 世纪 50 年代前期，伦敦社交圈的一群贵妇因为对当时女性的主要社交活动——纸牌游戏和八卦闲聊丧失了兴趣，于是就建立了文学俱乐部，名为 Blue Stocking Society（蓝袜社）。起初这个词语为贬义，通常指装作有学问的女人。从 19 世纪开始，它的意义逐渐广泛化，也可以指真正有学问的女人。例如：She is what you call a “bluestocking”.（她就是你说的“女才子”。）

据观测，当大气中含有一定数量的、大小合适的微尘时，太阳和月亮就会呈现出蓝色，而这种现象是非常罕见的，尤其是出现蓝色的月亮（blue moon）。于是，人们就用 blue moon 来比喻“千载难逢的时期”，用 once in a blue moon 表示“难得有一次”、“千载难逢”等意义。

相关短语

◎ blue ribbon

该短语的意思是蓝绶带，比喻最高荣誉。

嘉德勋位（the Order of the Garter）是英国的最高勋位，是由爱德华三世（Edward Ⅲ，1312—1377）在 1348 年创立的。相传，设立这个勋位是源自一次偶然的事件。在一次宫廷舞会上，索尔兹伯里伯爵夫人和爱德华三世跳舞时袜带（garter）掉了，为了不使伯爵夫人难堪，他就把那条蓝袜带拾起来缠在自己腿上。周围有人看到就笑了起来。爱德华三世斥责他们说，“凡是认为这件事是坏事的人都很可耻。”这句话后来被作为骑士勋位的格言，同袜带和十字架图形一起出现在嘉德勋章上，这个奖章被视为英国最高荣誉的奖章。1953 年，英国首相丘吉尔（Churchill）被英国女

王伊丽莎白二世授予嘉德勋章。

◎ blue chip

这个短语源自扑克（poker）游戏，意思是绩优股、热门证券等。

在扑克牌游戏中，不同颜色的筹码（chip）代表不同的价值，而蓝色筹码（blue chip）是价值最高的，一般是数值最小的红色筹码的10倍。20世纪早期的华尔街（Wall Street）开始把增长势头稳健、长期以来都表现良好的股票叫做蓝筹股。因此，blue chip指“值钱而热门的股票”、“一贯获利的企业”等，比喻前景好、回报率高的可靠之人或事。

知识链接

Blue Law这个短语直译就是“蓝色法规”，是指美国历史上殖民地时期严守《圣经》律法的清教徒社团所颁行的法规。该法规禁止在星期天进行营业、旅行、饮酒、娱乐等世俗活动。该名称源于1781年印在蓝色纸上的关于安息日规定的报道。最早制定此类极端法规的是康涅狄格州，1834年，该州被称为“蓝色法规州”（Blue Law State）。

动动手

动手查查blue在不同文化中的不同含义。

第6章

关于电影

好莱坞

知识点

现代社会中，Hollywood（好莱坞）几乎已经成为美国电影的代名词。

好莱坞（Hollywood）在本意上是一个地名的概念，位于美国加利福尼亚州洛杉矶市市区西北郊，也是全球最著名的影视娱乐和旅游热门地点。而现在“好莱坞”一词往往直接用来指美国加州南部的电影工业。

Movie capital of the world

好莱坞位于加利福尼亚州（California）西南部的美国第二大城市洛杉矶（Los Angeles）的西北部。电影产生之初，美国的制片厂（studio）主要集中在纽约（New York）附近，20世纪初，制片厂逐渐搬迁到自然条件更好的好莱坞。这里依山傍水，景色宜人，日照时间长，几乎终年都可以进行户外摄影。此外该地区地貌多样，各种迥异的景色之间距离很近，为摄制工作提供了很大的方便（convenience）。总之，南加州地区得天独厚的地理位置为电影拍摄提供了绝佳的环境，也成为好莱坞迅速发展的决定性因素之一。

1911年，内斯特影片公司在一家破旧的小客栈成立了好莱坞第一家制片公司。1985年，好莱坞大道的商业和娱乐区被正式列入美国“国家史迹名录”，以保护附近的重要建筑，确保好莱坞过去的辉煌历史永远是它未来的一部分。20世纪20年代，好莱坞开始形成制片厂制度（studio system）。经过激烈的竞争，有八家大的制片公司生存下来，分别是：米高

梅（MGM）、派拉蒙（Paramount）、华纳兄弟（Warner Brothers）、20 世纪福克斯（Twenty Century Fox）、雷电华（RKO）、联美（United Artist）、环球（Universal）和哥伦比亚（Columbia）。早期好莱坞最伟大的导演（director）是格里菲斯（D.W. Griffith），他也是最早来到好莱坞拍摄电影的导演之一，被誉为“现代电影之父”、“电影界的莎士比亚”。他执导了《一个国家的诞生》（*The Birth of a Nation*）（1915）、《党同伐异》（*Intolerance*）（1916）等 400 余部影片。

现在的好莱坞不仅是影视娱乐明星工厂，全球音乐、电影产业的中心地带，也是全球时尚的发源地，世界上众多商品都是由于好莱坞的电影宣传而成为顶级品牌。好莱坞顶级品牌俱乐部（HOLLYWOOD SUPER BRAND CLUB），是顶级品牌的运营组织，是一个名副其实的全球顶级品牌俱乐部。

Places of interest

◎中国戏院

电影人中流传着这样一种说法：“到了美国洛杉矶，如果不去中国戏院看看，绝对是一大遗憾，就好像是去了中国却没有到长城上看看一样。”

中国戏院（Chinese Theatre）又叫格鲁曼中国戏院（Grauman's Chinese Theatre），因为它是由“剧场之王”希德·格鲁曼亲自打造的。中国戏院建立于 1927 年，高约 27 米，人们首先看到的是两根巨大的由珊瑚（coral）制成的红柱，上面各镶嵌着一个熟铁面具，它们支撑着上面的铜制屋顶。在两根红柱子之间，是一个 9 米高的石雕（stone carving），上面雕刻着中国龙（Chinese Dragon）。

作为好莱坞最重要的景点之一，很多著名的好莱坞影星如丹泽尔·华盛顿（Denzel Washington）、汤姆·汉克斯（Tom Hanks）、梅尔•吉布森（Mel. Gibson）、阿诺德•施瓦辛格（Arnold Schwarzenegger）都在这里留下了纪念，就连唐老鸭（Donald Duck）也在这里留下了可爱的脚印。这也吸引了无数来自各个国家的游客到此一睹明星足迹，此外，这里也是许多传奇影片的首演场地。

◎好莱坞星光大道

好莱坞星光大道建于 1958 年，是一条沿美国好莱坞大道与藤街伸展的人行道。好莱坞星光大道上面有 2000 多颗镶有好莱坞名人名字的星形奖章，以纪念他们对娱乐事业的贡献。1960 年 2 月 9 日第一颗星颁赠予琼安·伍德沃德（Joanne Woodward）。

好莱坞星光大道上的每颗星都由一颗水磨石（terrazzo）制成，将它做成粉色五角星形并镶上青铜后嵌入深灰色的方块中。粉色星形内是刻在青铜上的受奖人名字，在它的下面则为一环状标志，代表受奖人领取星星的领域。星形奖章颁奖典礼会公开举行并由好莱坞荣誉市长强尼·葛兰特

（Johnny Grant）主持。对于明星来说，在好莱坞星光大道上有一颗属于自己的星是一种荣誉。星光大道上的华人有黄柳霜、李小龙、成龙、吴宇森等。

知识链接

作为格里菲斯代表作的《一个国家的诞生》于 1992 年被美国国会图书馆认为具有“文化上的重要性”（culturally significant），并选入美国国家电影保护局（National Film Registry）典藏。《党同伐异》也在 1958 年的布鲁塞尔国际博览会上被评为电影史上 12 部最佳影片之一。

动动手

好莱坞的明星中有没有你喜欢的呢，查一查他（她）的代表作品并推荐给大家。

影视那些奖

知识点 奥斯卡金像奖、金球奖、艾美奖都是影视界的著名奖项，在世界范围内具有很大的影响力。

对于一些大家耳熟能详的影视奖项，例如奥斯卡金像奖、金球奖、艾美奖、金棕榈奖等，你能分清楚吗？今天就来梳理一下全球著名的三大影视奖项。

奥斯卡金像奖

被大家称为奥斯卡（Oscar）的学院奖在所有的电影奖项中是最古老、最为大家所熟知（best known）、最具影响力（most influential）并且声望最高的（most prestigious）。奥斯卡金像奖的正式名称是电影艺术与科学学院奖，即学院奖（Academy Award），于1928年设立，由成立于1927年位于加州贝弗利山（Beverly Hills）的非营利性专业组织（non-profit professional organization）——电影艺术与科学学院（Academy of Motion Picture Arts and Sciences，简写为AMPAS）所颁发。奥斯卡金像奖半个多世纪来一直享有盛誉，它不仅反映美国电影艺术的发展进程而且对世界许多国家的电影艺术有着不可忽视的影响。1931年以后“学院奖”逐渐被叫作“奥斯卡金像奖”，现在更是直接被称为“奥斯卡”。

奥斯卡金像奖的设立（establishment）对于电影业（film industry）有着很大的影响，因为电影或演员一旦被提名或者获奖，电影公司或演员会

享有很高声誉并会获得物质奖励。演艺圈（show biz）中最重要的年度名人聚会（annual celebrity event）每年冬天在洛杉矶如期举行，即奥斯卡之夜。24 英尺（7.3 米）高的巨型镀金奥斯卡金人会出现在柯达大剧院（the Kodak Theatre）门口，享誉全球的金像奖会颁发给这一年中取得最杰出成就的电影人。

第一届奥斯卡颁奖典礼是在好莱坞的罗斯福宾馆（Roosevelt Hotel）以晚宴的形式举行，直到 2002 年，奥斯卡颁奖典礼才在好莱坞中心有了一个固定的家——现在的柯达大剧院。

金球奖

有人说，金球奖（Golden Globe Award）始终笼罩在奥斯卡的阴影之下，更像是奥斯卡前的一次预演。金球奖是美国的一个电影与电视奖（1956 年之前，金球奖只颁发电影奖项，后来才加入了电视奖

项），始自1943年，由好莱坞外国记者协会主办。在这个奖创办之初，它并不为大家所看重，但是今天的金球奖已经发展成为电影产业最重要的奖项之一。

金球奖共设有24个奖项，金球奖的被提名者名单通常是在圣诞节前公布，颁奖晚会则选在一月中旬举行。在金球奖中，最佳影片被分为两类：戏剧（Drama）和喜剧（Comedy）或者音乐剧（Musical）。另外，与奥斯卡有所不同的是金球奖中最佳电影剧本（Best Screenplays）只有一个类别，而奥斯卡中最佳剧本分为最佳原创剧本奖和最佳改编剧本奖。

金球奖颁奖晚会的举办地点曾多次变动，不过近几年似乎已经固定在贝弗利山的希尔顿饭店。作为每年第一个颁发的影视奖项，金球奖被许多人看作是奥斯卡奖的风向标。对比一下近十几年来二者的结果似乎能很好地证明这一点。例如1975年，《飞越疯人院》（*One Flew Over The Cuckoo's Nest*）在金球奖颁奖典礼和奥斯卡金像奖颁奖典礼上均获得了最佳影片、最佳男主角、最佳女主角、最佳导演和最佳剧本大奖。

艾美奖

艾美奖（Emmy Awards）是美国电视界的最高奖项，由总部位于洛杉矶的电视艺术与科学学院（Academy of Television Arts and Sciences，简称为 ATAS）颁发，该学院成立于 1946 年。

这里所说到的艾美奖是对于黄金时段的节目而言的，其实除此之外还有另外一个日间节目艾美奖，后者是由总部位于纽约的国家电视艺术与科学学院（National Academy of Television Arts and Sciences，简称 NATAS）颁发的。与电影界的奥斯卡奖一样，艾美奖也分为普通奖项和技术奖项。

第一届艾美奖于 1949 年 1 月 5 日在好莱坞健身俱乐部（the Hollywood Athletic Club）举行，主要是颁给洛杉矶当地电视节目的。来自 VCLA 的腹语师（ventriloquist）雪莉·汀斯代尔（Shirley Dinsdale）因为出演的儿童剧《朱迪·斯普林特斯》（*Judy Splinters*）获得“杰出电视人物奖”，捧走了艾美奖。后来艾美奖的颁奖范围扩大为全国的电视节目

和明星。

提到艾美奖，还有一个是国际电视艾美奖。国际电视艾美奖是由国际电视艺术与科学学会（International Academy of Television Arts & Sciences，简称 IATAS）颁发给非美国的优秀电视节目的奖项。该学会成立于 1969 年，颁发奖项的目的是要表彰由美国之外的国家制作和首次播出的优秀电视节目。

知识链接

1. 英国电影学院奖：由英国电影学院颁发，主要对象是英国电影和英国籍演员演出的外国影片。

2. 法国凯撒奖："有法国奥斯卡"之称，是法国国内电影的最高奖项，由法国电影艺术与技术学会和法国电视二台合作举办。

动动手

是不是很好奇金球奖的奖杯是什么样子呢？动手查一查吧。

影视明星

知识点

查理斯·卓别林是驰名世界的喜剧大师，也是默片时代的巨星。奥黛丽·赫本是著名影星，被誉为“人间天使”。

影视一般包括了电影和电视艺术，说到电影和电视剧就一定会说到明星。下面大家要认识的是著名的喜剧大师卓别林和好莱坞著名女星奥黛丽·赫本。

卓别林

头戴圆顶礼帽、手持竹手杖、留着一撇小胡子、足蹬大皮靴、走路像鸭子的形象大家是否觉得熟悉呢？他就是查尔斯·卓别林（Charlie Chaplin），一个伟大的喜剧电影演员、导演以及制片人（producer）。

1889 年，卓别林出生在英国伦敦的一个贫民区，他的父母都是喜剧演员，经常在伦敦的游艺场里演出。后来卓别林的父母离婚（divorce），他和哥哥跟着母亲一起住，生活十分贫困。卓别林五岁那年，母亲在一次演唱时，由于嗓子突然沙哑，声音过于微弱而不得不下台。于是卓别林代替母亲演出，他故意用沙哑的嗓子学妈妈唱歌，得到了观众的欣赏。就这样，卓别林第一次登上了舞台。

卓别林生性活泼好动，一直向往当一名真正的演员。1907 年，卓别林被伦敦专演滑稽哑剧（funny pantomime）的弗莱德·卡尔诺（Fred Karno）喜剧团录用，在里面扮演小丑（clown）。1914 年 2 月，头戴圆顶礼帽、手持竹手杖、足蹬大皮靴、走路像鸭子的流浪汉（wanderer）夏

尔洛的形象首次出现在影片《阵雨之间》中。此后，这一形象成为卓别林喜剧片（comedy）的标志，风靡欧美20余年。

萧伯纳（George Bernard Shaw）曾经称赞卓别林是“电影界独一无二的才子”。的确，卓别林不但擅长表演（perform），同时还胜任导演、编剧，还能作曲配乐，演奏多种乐器（musical instrument）。卓别林一生共拍摄了80多部电影，他的大部分电影都是自编、自导、自演、自己作曲、自己指挥的。卓别林在艺术领域内几乎无所不通，在世界影坛上被认为是集作家、导演、演员、作曲家和舞蹈家于一身的伟大天才。

卓别林同样也深受广大中国观众的喜爱。早在1915年9月，他的喜剧短片就开始在上海上映。中国观众亲切地称他为“滑稽大王”、“快活大王”。1930年5月，中国著名的京剧（Beijing opera）表演艺术家梅兰芳到美国演出，会见了卓别林，两位艺术大师一见如故建立起了真挚的友谊。

奥黛丽·赫本

奥黛丽·赫本（Audrey Hepburn）是好莱坞最著名的女明星之一，曾获奥斯卡最佳女演员奖。她拥有高雅的气质，在穿着方面很有品味。由她主演的电影有《罗马假日》（*Roman Holiday*）、《蒂凡尼的早餐》（*Breakfast at Tiffany's*）、《窈窕淑女》（*My Fair Lady*）等。

1929 年 5 月 4 日，奥黛丽·赫本出生于比利时（Belgium）布鲁塞尔（Brussels），她的父亲是一位英国银行家（banker），母亲是荷兰（Netherlands）贵族的后裔（noble descendant）。据说她的家族谱系甚至可以追溯到英王爱德华三世（Edward Ⅲ of England）。

赫本 6 岁时就读于英国伦敦的贵族寄宿学校（boarding school），10 岁时因为父母离婚，她随着母亲回到了荷兰的姥姥家。第二次世界大战（the Second World War）爆发时，纳粹（Nazi）占领了荷兰，赫本母亲的家族因带有犹太血统而遭到仇视与迫害。战争结束之后，赫本和母亲又搬到了英国伦敦居住。赫本正式成为电影演员是在出演英国电影《天堂笑语》的时候。

1953 年，赫本与好莱坞著名影星格里高利·派克（Gregory Peck）一起主演的电影《罗马假日》正式上映，她在影片中的精彩演绎让该片上映后迅速风靡世界。赫本饰演的安妮公主形象高贵、优雅（elegant），吸引了诸多观众的目光，她也因此迅速成为知名人士。1954 年 3 月，赫本获奥斯卡最佳女主角奖，之后又因在《翁迪娜》（Ondine）中的精彩表演而

荣获托尼奖（Tony Award，设立于1947年，被视为美国话剧和音乐剧的最高奖）。赫本所塑造的银幕形象给人们留下了美好而深刻的印象，她在电影史上的地位将是永恒的。

赫本在晚年的时候投身于慈善（charity）事业。1988年，她担任联合国儿童基金会（United Nations Children's Fund）亲善大使，时常举办募捐活动和音乐会（concert）。她还到过许多国家慰问和看望贫穷地区的儿童，受到当地人民的欢迎和爱戴。

1993年1月20日，赫本在瑞士托洛彻纳茨（Tolochenaz）的住所病逝。为表彰她为帮助全世界不幸儿童所作出的努力，美国电影艺术和科学学院将该年度的奥斯卡人道主义奖授予了她，由她的儿子代领。

知识链接

1. 无声电影：又称“默片”，是对有声电影发明之前所有电影的统称。早期的电影只有画面，影片本身不发出声音，剧中人物的说白通过动作、姿态以及字幕间接表达。

2. 萧伯纳是英国现代杰出的现实主义戏剧作家，是著名的擅长幽默与讽刺的语言大师，1925年获诺贝尔文学奖。

动动手

观看卓别林的电影在笑声中也可以体会到丰富的内涵，大家试一试吧。

爱情片

知识点　《乱世佳人》和《泰坦尼克号》都是电影史中爱情片的经典。

《乱世佳人》是根据小说家玛格丽特·米切尔的小说《飘》改编的一部美国电影，讲述了美国南北战争期间斯嘉丽与白瑞德的爱情故事。《泰坦尼克号》是以 1912 年泰坦尼克号游轮在其处女航时触礁冰山而沉没的事件为背景的感人爱情故事。

《乱世佳人》

1939 年，电影《乱世佳人》（又译为《飘》，*Gone with the Wind*）轰动了美国。《乱世佳人》改编自玛格丽特·米切尔（Margaret Mitchell）的同名小说，该小说曾获普利策奖（Pulitzer Prize）。

影片讲述了南北战争（American Civil War）的硝烟将美国南方几乎烧成荒原时，由费雯·丽（Vivian Leigh）扮演的南方姑娘斯嘉丽（Scarlett）是如何倔强地追求心中的爱情和坚强地经营着脚下的土地的。那时美国经济尚未从大萧条（The Great Depression）中恢复，又遇到欧洲上空密布的战争阴云。宏大华美（magnificent）的画面与跌宕起伏的情节让无数观众为之着迷，影片也收获了近八千万美元的票房。费雯·丽扮演的斯嘉丽成为电影史上的经典角色，她一袭黑衣的造型，让人想到拜伦（Byron）的名句——“She walks in beauty，like the night/ Of cloudless climes and starry skies.”

《乱世佳人》一举获得最佳影片（Best Picture）、最佳导演（Best Director）、最佳女主角（Best Actress）等八项奥斯卡金像奖，其中包括扮演黑人保姆的海蒂·麦克丹尼尔（Hattie McDaniel）获得的最佳女配角奖（Best Supporting Actress）。

经典台词：

1．Land is the only thing in the world worth working for，worth fighting for，worth dying for. Because it's the only thing that lasts.

土地是世界上唯一值得你去为之工作，为之战斗，为之牺牲的东西，因为它是唯一永恒的东西。

2．Whatever comes，I'll love you，just as I do now. Until I die.

无论发生什么事，我都会像现在一样爱你，直到永远。

3．After all，tomorrow is another day.

不管怎样，明天又是全新的一天。

《泰坦尼克号》

1997 年 12 月 19 日，著名导演詹姆斯·卡梅伦（James Cameron）导演的《泰坦尼克号》（*Titanic*）在美国上映，不久就横扫全球，带来了 18 亿美元的巨额票房。

《泰坦尼克号》将“穷小子爱上富家女”这样一个并不新鲜的故事与人类历史上重大的灾难（disaster）相结合，用高科技打造了震撼的视听效果，制作出一部永恒的经典（everlasting classic）之作。三等舱里由莱昂纳多·迪卡普里奥（Leonardo DiCaprio）扮演的流浪画师杰克虽然一文不名，但是年轻英俊、才华横溢。头等舱里由凯特·温丝莱特（Kate Winslet）饰演的大家闺秀露丝虽然穿金戴银，婚嫁已定，却厌倦了上流社会的生活。甲板上的偶然邂逅，灾难来临时的不离不弃，一系列的情节让无数观众泪流满面。爱情是艺术的主题，影片颂扬了人性光辉的一面。面对灾难与死亡，人们依然能保持风度，乐师从容优雅地奏乐，老年夫妇依偎着迎接生命的终点。

《泰坦尼克号》在获得巨大商业成功的同时也一举囊括了十一项奥斯卡奖，成为当时美国电影史上制作时间最长、制作费用最高、票房最高、

获奥斯卡奖提名最多、获奥斯卡奖项最多的电影，而饰演男女主角的演员莱昂纳多·迪卡普里奥和凯特·温丝莱特也成为全球顶级明星。

经典台词：

1. I love waking up in the morning and not knowing what's going to happen, or who I'm going to meet, where I'm going to wind up.

我喜欢早上起来时一切都是未知的，不知会遇见什么人，会有什么样的结局。

2. I figure life is a gift and I don't intend on wasting it. You never know what hand you're going to get dealt next. You learn to take life as it comes at you.

我觉得生命是一份礼物，我不想浪费它，你不会知道下一手牌会是什么，要学会接受生活。

3. I'm the king of the world!

我是世界之王！

正如电影中所说的，生命是一份礼物，我们要好好珍惜。

知识链接

1. 普利策奖：该奖是根据美国报业巨头约瑟夫·普利策（Joseph Pulitzer）的遗愿设立的，分为新闻奖和艺术奖两大类。

2. 泰坦尼克号是由英国白星航运公司制造的一艘巨型邮轮，号称“永不沉没”和“梦幻之船”。在前往纽约的途中，泰坦尼克号在北大西洋撞上冰山而倾覆，造成了和平时期最严重的一次航海事故。

动动手

看电影，学口语。

动画片

知识点 《狮子王》和《海底总动员》是动画片制作中的典范。

说到动画片，大家是不是都想到了《黑猫警长》《西游记》《三毛流浪记》等，这些都是很有代表性的国产动画片。下面要学习的是两个著名的外国动画片《狮子王》和《海底总动员》。

《狮子王》

《狮子王》（*The Lion King*）是 1994 年由迪士尼（Disney）推出的动画长片（animated feature films），它不仅是传统动画技术与现代 3D 技术的结合，其文本也有着深厚的文化底蕴（cultural deposits）。

小狮子辛巴（Simba）出生在狮子王国，是父亲穆法沙（Mufasa）王位的继承人（successor），这就引起了穆法沙的弟弟刀疤（Scar）的不满。他设计了一系列圈套杀死自己的哥哥，同时还巧妙地让辛巴以为是自己害死了父亲，于是辛巴悲伤地远走

他乡。随着时间的流逝，辛巴长大成为一头英俊的雄狮。儿时的伙伴娜娜和巫师拉飞奇的出现，让辛巴重新回到了狮子王国，一切也最终真相大白。辛巴为父亲报了仇，在大家的祝福中成为新的执政者。

影片中能找到圣经人物约瑟（Jesoph）和摩西（Moses）故事的痕迹，也有莎士比亚的《哈姆雷特》（*Hamlet*）的情节，是一部选材来源于经典故事的动画片。作为迪士尼历史上第 32 部经典动画长片，《狮子王》获得了很好的票房成绩，并且荣获 1994 年奥斯卡最佳原创音乐和最佳电影主题曲两项大奖。《狮子王》被誉为迪士尼动画的里程碑作品之一。

经典台词：

1．Yes，the past can hurt. But I think you can either run from it or learn from it.

对，过去是痛楚的，但我认为你要么逃避，要么从中学习。

2．Everything you see exists together in a delicate balance.

你所见到的事物都存在着非常微妙的平衡关系 。

3．I'm only brave when I have to be. Being brave doesn't mean you looking for trouble!

只是在必要的时候才会勇敢。勇敢并不代表你要到处闯祸!

4．You must take your place in the circle of life.

你必须在生命轮回中找到自己。

5．When the world turns its back on you，you turn your back on the world.

如果这个世界对你不理不睬，你也可以这样对待它。

6．Remember who you are，you are my son and the one true king.

要记住你是谁，你是我儿子，真正的国王。

《海底总动员》

《海底总动员》（*Finding Nemo*）是皮克斯公司推出的一部 3D 动画片，由该公司的核心人物安德鲁·斯坦顿（Andrew Stanton）担任编剧和导演。

小丑鱼尼莫（Nemo）是一个好动、淘气的小男孩，因为和爸爸马林（Marlin）赌气而不小心被潜水者（diver）捕捉，影片故事由此展开。马林踏上了千里寻找儿子的征程，在这个过程中他遇到了来自撒马力亚（Samaritan）的蓝唐王鱼（Regal Blue Tang）多莉（Dory）。多莉是一只热心、胸怀宽广的大鱼。同时尼莫也在进行脱离人类魔掌的斗争。两条小丑鱼在辽阔的太平洋（Pacific Ocean）上的冒险使它们遭遇了很多困难（difficulty）与危险（danger），但同时也交到了很多朋友。克服了千难万险之后，小丑鱼父子终于团聚，安全地回到了它们的家乡（hometown）。

该影片对海洋环境（marine environment）的模仿惟妙惟肖，并且小丑鱼父子的拟人化形象深入人心。虽然《海底总动员》的故事情节遵循了好莱坞中庸保守（conservative）的路线，但是它所展示的亲情让许多观众感动不已。不管在任何时代，家庭的温暖是人们永恒的追求，亲情故事似乎永不会过时。《海底总动员》获得第 76 届奥斯卡金像奖最佳动画长片。

经典台词：

Marlin：Now，what's the one thing we have to remember about the ocean?

马林：那么，关于大海我们必须要记住什么？

Nemo：It's not safe.

尼莫：它是不安全的。

Marlin：That's my boy.

马林：好孩子。

Dory：Come on，trust me on this one.

多莉：嗨，这次相信我。

Marlin：Trust you?

马林：相信你？

Dory：Yes，trust，it's what friends do.

多莉：对，相信，朋友就该这样。

知识链接

迪士尼（The Walt Disney Company）是总部设在美国伯班克的大型跨国公司，其主要业务涉及娱乐节目制作、电子游戏、传媒网络、玩具等多个领域。皮克斯动画制作室也是它旗下的。

动动手

观看这两部电影，学习那些简单的口语表达。

励志片

知识点

《当幸福来敲门》和《风雨哈佛路》都是改编自真实的故事，激励人们去奋斗、去拼搏。

电影中的励志片也相当于是人物传记，一般都是讲述主人公克服重重困难和阻碍，最终取得成功的故事。这一类电影能够振奋人心，激励斗志，帮助人克服困难，最主要的意义在于传递给人们要保持乐观心态，积极向上。

《当幸福来敲门》

《当幸福来敲门》（*The Pursuit of Happiness*）是一个典型的美国式励志故事，改编自美国著名黑人投资专家（investment expert）克里斯·加德纳（Chris Gardner）出版的同名自传（autobiography）。

加德纳作为一名单身父亲，曾经面临着连温饱也无法解决的困境。在最困难的时期，加德纳只能将自己仅有的财产背在背上，然后一手提着尿布，一手推着婴儿车，与儿子一起前往收容所。到了实在无处容身时，父子俩只能到公园、地铁卫生间这样的地方过夜。尽管如此，加德纳从未放弃过希望，自始至终都很乐观，并且相信“幸福自己会来敲门，生活也能得到解脱”。

影片中威尔·史密斯（Will Smith）饰演的克里斯·加德纳将其奋斗生涯成功地展现在了银幕上，诠释了一位落魄的单身父亲如何从向医院推销高科技治疗仪做起，最后成为全美知名的金融投资家，实现自己梦想的

励志故事。

经典台词：

1. I'm the type of person, if you ask me a question, and I don't know the answer, I'm gonna tell you that I don't know. But I bet you what: I know how to find the answer, and I'll find the answer.

我是这样的人，如果你问我一个问题我不知道答案的话，我会直接告诉你“我不知道”。但我向你保证：我知道怎样找到答案，而且我一定会找出答案的。

2. Don't ever let somebody tell you that you can't do something, not even me.

别让别人告诉你，你成不了才，即使是我也不行。

3. You got a dream, you gotta (got to) protect it. People can't do something themselves, they wanna (want to) tell you that you can't do it. If you want something, go get it.

如果你有梦想的话，就要去捍卫它。那些一事无成的人想告诉你你也成不了大器。如果你有理想的话，就要去努力实现。

《风雨哈佛路》

《风雨哈佛路》（*Homeless to Harvard：The Liz Murray Story*）是根据美国“奇迹女孩”莉丝·默里（Liz Murray）的传记*Breaking Night*（中文版《风雨哈佛路》）改编的，被称为是一部令世人警醒的电影。

索拉·伯奇（Thora Birch）饰演的丽丝出生在美国的贫民窟里，父母酗酒吸毒，贫穷的丽丝从 8 岁开始就出去乞讨，流浪在城市的各个角落。从小就开始承受家庭的不幸与破碎，经历各种艰辛和辛酸，生活的苦难对于这个有着金色头发的女孩来说似乎无穷无尽。

慢慢长大的丽丝意识到，只有读书才能改变自身命运。凭借自己的不懈努力，丽丝最终走进了最高学府——哈佛大学。电影向人们展示了一个贫穷苦难的女孩用执著的信念和顽强的毅力改变自己、改变人生的故事。

经典台词：

1．I knew at that moment I had to make a choice. I could submit to everything that was happening and live a life of excuses...or I could push myself. I could push myself and make my life good.

就在那一刻，我明白了，我得做出选择。我可以为自己寻找各种借口

对生活低头，也可以迫使自己创造更好的生活。

2. Sometimes I feel like there's a skin on the world, and those of us who were born under it, can see through it. We just can't get through it.

有时我觉得世界外有一层外壳，我们所有人都在里面，你能看到外面，却不能出去。

知识链接

威尔·史密斯（Will Smith）是一名美国演员，在《当幸福来敲门》中和他一起演父子的就是他自己的儿子贾登·史密斯（Jaden Smith）。贾登在这部影片中的精彩表现使他成为不可多得的童星。2008年，他又参演了《地球停转之日》。2010年在动作大片《功夫梦》的首映庆典上，贾登和成龙同台献艺。

动动手

观看这两部电影，看看感动你的到底是什么。

第7章

西方文化经典

著名城市

知识点 西方有许多世界知名的城市，或因为文明，或因为美丽，或因为浪漫，下面将介绍雅典、威尼斯以及巴黎。

城市是一个地理学名词，它的出现是人类走向成熟和文明的标志，也是人类群居生活的高级形式。

雅典——世界上最古老的城市之一

之前我们讲到过很多希腊（Greece）的神话故事，希腊也是哲学（philosophy）的发源地。而作为首都的雅典（Athens）是希腊最大的城市，也是世界上最古老的城市之一，它有记载的历史就长达3000多年。“雅典”这个城市名来自智慧女神雅典娜的名字。雅典位于巴尔干半岛（the Balkan Peninsula）南端，是一个三面环山、一面傍水的美丽城市。苏格拉底（Socrates）等知名哲学家（philosopher）也都是在这里诞生，雅典因此被称作“西方文明的摇篮”和民主（democracy）的起源

地。现在的雅典是欧洲（Europe）的第八大城市，依然保留了大量的历史遗迹（historical site）和艺术作品（art works），其中就有被视为西方文化象征的雅典卫城（Acropolis）和帕提农神庙（Parthenon）。

成立于 1837 年的奥森大学是当时希腊的第一所大学，1932 年奥森大学改名为现在的雅典大学。雅典大学（National and Capodistrian University of Athens，也简写作 University of Athens）位于卫城，卫城是雅典及希腊的一颗明珠，是其民主的象征。卫城位于雅典市中心的山丘上，是希腊最杰出的古建筑群，它的山顶拥有古希腊文明最杰出的作品（masterpiece）。

另外，雅典还是奥运会的起源地。第一届夏季奥林匹克运动会（Olympic Games）1896 年在雅典举办，2004 年的第二十八届奥运会也是在这里举行的。

威尼斯——水上城市

我们都知道，城市一般都是以一定的陆地面积作为基础而进行建造的，但是威尼斯（Venice）却是一座“因水而生，因水而美，因水而兴”的真正的水上城市。

威尼斯向来有“西方苏州”之称，位于意大利东北部亚得里亚（Adriatic Sea）海滨的威纳托省（Veneto），四周环海。从地图上看，威尼斯仿佛一颗镶嵌在美妙长靴靴腰上的水晶（crystal），在亚得里亚海的波涛中熠熠生辉。

据说威尼斯的历史开始于公元 453 年，当时人们为了躲避野蛮的游牧民族就逃到了亚得里亚海中的这个小岛。威尼斯的外形酷似一只海豚（dolphin），这个面积还不足 7.8 平方公里的城市由 118 个小岛组成，威尼斯城中还有 177 条运河（canal），像蜘蛛网（cobweb）一样密布其间，这些小岛和运河由大约 400 座各式各样的桥梁（bridge）相连。整个城市只靠一条长堤（causeway）与意大利大陆半岛连接。

威尼斯的风情总是不能不与水联系在一起，城中蜿蜒的水巷、流动的诗意，让来到这个城市的旅游者感受到一种完全不同于其他任何城市的诗

情画意。有人说威尼斯就像是一个游乐园（amusement park），充满奇妙（wonderfulness）与梦幻（dream），让人在童话般的水的世界里流连忘返。

巴黎——浪漫之都

巴黎（Paris）是法国（France）的首都和最大的城市，是其政治、经济、文化中心。

作为世界历史名城，巴黎的名胜古迹比比皆是，埃菲尔铁塔（Eiffel Tower）、凯旋门（Triumphal Arch）、爱丽舍宫（Elysée Palace，法国总统官邸，始建于18世纪初）、凡尔赛宫（Versailles）、卢浮宫（Louvre）、巴黎圣母院（Notre Dame de Paris）等，都是国内外游客流连忘返的地方。美丽的塞纳河（Seine）穿过巴黎，两岸遍布公园、绿地，32座大桥横跨河上，使河上风光更加妩媚多姿。

作为教育事业的中心，法国著名的法兰西学院（College de France）、巴黎大学（University of Paris）以及国家科学研究中心（National Center for Scientific Research）等都在巴黎。巴黎大学也是世界上最古老的大学之一。

美丽的城市风光、丰富的名胜古迹、多彩的文化活动以及现代化的服务设施，使巴黎成为一座“世界会议城”，迎来了众多国际会议。据统计，1987 年在巴黎共举行了 365 次国际性会议，超过了纽约、伦敦、布鲁塞尔（Brussels）、日内瓦（Geneva），居世界首位。联合国教科文组织（United Nations Educational，Scientific，and Cultural Organization，简称为 UNESCO）、国际商会（International Chamber of Commerce，简称为 ICC）等国际组织的总部均设在巴黎。

知识链接

苏格拉底是古希腊著名的哲学家、思想家和教育家，他和学生柏拉图以及柏拉图的学生亚里士多德被称为“古希腊三贤”。

动动手

看了这些简单的介绍，是不是很想进一步了解更多的西方著名城市呢？上网或者到图书馆查一查吧。

著名景观

知识点

巴黎圣母院是欧洲建筑史上的一次突破，是人类智慧的结晶；大堡礁是自然奇迹的见证。

巴黎圣母院大教堂是一座位于法国巴黎市中心、西堤岛上的教堂建筑，也是天主教巴黎总教区的主教座堂。大堡礁是位于南半球的世界上最大最长的珊瑚礁群，吸引了来自世界各地的众多游客。

巴黎圣母院

当人们提到法国的时候，作为古老巴黎象征的巴黎圣母院（法语：Notre Dame de Paris，英语：Notre-Dame Cathedral ）是不会被忽略的。巴黎圣母院是一座具有哥特式风格（gothic style）的基督教教堂（Christ Church Cathedral），位于巴黎城的中心，矗立在塞纳河畔，是历史上最为辉煌的建筑之一。哥特式建筑（architecture）是 11 世纪下半叶起源于法国，13—15 世纪流行于欧洲的一种建筑风格。哥特式是从哥特民族中演化过来的，原义是指北方的野蛮民族，后来就逐渐变成了当时的一种文化称谓，也不再具有贬褒性。哥特式建筑最重要的特征在于高和直，这种风格的教堂的平面形状好像一个“十”字，造型既空灵轻巧，又符合变化与统一、比例与尺度、节奏与韵律等建筑法则，具有很强的美感。哥特式建筑以其高超的技术和艺术成就，在建筑史上占有重要地位。

巴黎圣母院之所以闻名于世，是因为它在欧洲建筑史上具有划时代的标志性意义。巴黎圣母院是巴黎第一座哥特式建筑，成为欧洲早期哥特

式建筑和雕刻艺术的代表，集宗教、文化、建筑、艺术于一身。巴黎圣母院冲破了以往旧教堂的笨重厚实的束缚，以一种全新的简单轻巧的结构使教堂空间变大，光线更充足。之后，这种独特的建筑风格很快在欧洲传播开来。

人们认为，教堂是“与上帝对话”的地方。巴黎圣母院教堂内部极为朴素，几乎没有什么装饰，给人一种严谨肃穆的感觉。教堂里面无数的垂直线条引人仰望，数十米高的拱顶在幽暗的光线下隐隐约约，加上宗教的熏陶与遐想，似乎上面就是天堂（paradise）。据说，在圣母院的第三层楼上可以享受独自一人的宁静，与自己对话，与心交流。

大堡礁

如果说巴黎圣母院是人类智慧的结晶，那么大自然本身就是一个能工巧匠，著名的大堡礁就是典型的代表。大堡礁（Great Barrier Reef）是世界上景色最美、规模最大的珊瑚礁群（coral reef group），是世界七大自然景观（natural landscape）之一，被称为“透明清澈的海中野生王国”。大堡礁位于澳大利亚昆士兰州（Queensland）以东，巴布亚湾（Papua Gulf）

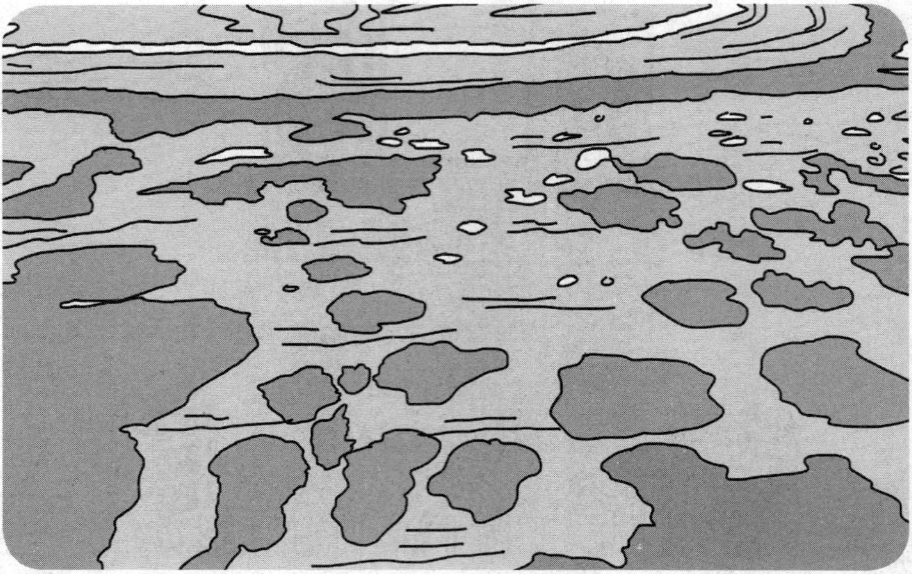

与南回归线（the Tropic of Capricorn）之间的热带海域，北面从托雷斯海峡（Torres Straits）开始，向南直到弗雷泽岛（Fraser Island）附近，沿澳大利亚东北海岸线绵延2000多千米。

如此蔚为壮观的庞大“工程”是谁的杰作呢？那些伟大的“建筑师”竟然是海洋中的低等动物珊瑚虫（coral）——一种直径（diameter）只有几毫米（millimeter）的腔肠动物（coelenterate）。珊瑚虫身体微小，口周围长着许多小触手，以浮游生物为食，能分泌出石灰质骨骼，通常是群体生活。珊瑚虫分泌的石灰质骨骼，连同藻类（alga）、贝壳（conch）等海洋生物的残骸胶结在一起，如此日积月累，年复一年，就会堆积成一个个珊瑚礁体。珊瑚礁的建造过程十分缓慢。由400多种绚丽多彩、造型千姿百态的珊瑚组成的大堡礁形成于中新世（Miocene）时期，距今已有2500万年的历史，它的面积还在不断扩大。在大堡礁群中，色彩斑斓的珊瑚礁有红色的、粉色的、绿色的、紫色的、黄色的，它们的形状千姿百态，构成一幅奇特壮观的天然艺术图画。心形岛是大堡礁的一个奇特景观，在空中俯瞰，它是一个天然的心形，再加上大堡礁本身美丽的水色，更是显得美轮美奂。

大堡礁是海洋中的热带雨林（tropical rain forest），珊瑚是雨林中的树木，鱼类和软体动物取代了鸟兽。在大堡礁海域生活着大约 1500 种热带海洋鱼类，有泳姿优雅的蝴蝶鱼（butterfly fish），漂亮华丽的狮子鱼（lionfish），还有天使鱼（scalare）、鹦鹉鱼等各种热带观赏鱼。这里风平浪静，是天然的避风港。透过清澈的海水，人们能够看见各种五彩缤纷、琳琅满目的生物。1981 年，大堡礁被列入世界自然遗产名录（The World Natural Heritage List）。在礁群与海岸之间有一条非常方便的交通海路。风平浪静的时候，游船可以在此通过，船下美丽的珊瑚景色就成为吸引世界各地游客来此观赏的最佳海底奇观。

知识链接

1. 中新世为地质年代新近纪的第一个时期，开始于 2300 万年前到 533 万年前，介于渐新世与上新世之间。

2. 法国文学家维克多·雨果（Victor Hugo，1802.2.26—1885.5.22）写过一部大型浪漫主义小说——《巴黎圣母院》，故事的场景就设在 1482 年的巴黎圣母院。他用对比的手法描写了道貌岸然的圣母院副主教克洛德迫害吉卜赛女郎艾丝美拉达，面目丑陋、心地善良的敲钟人卡西莫多为救女郎舍身的故事。

动动手

《巴黎圣母院》多次被改编为电影、音乐剧，看看这部经典之作吧。

美食

知识点

西方美食有着厚重的历史特点与体系结构，对现代饮食有较大的影响。

美食，顾名思义就是美味的食物啦。说到美食有没有垂涎欲滴呢，不管是山珍海味还是街边小吃，只要自己喜欢就可以成为美食啦。

美食文化

世界上民族众多，不同的民族又组成了不同的国家，国家的历史有长有短，疆域（territory）有大有小，宗教（religion）信仰（faith）、政权（regime）性质和经济结构也存在差异，这样的千差万别往往体现着一个民族或者一个国家的特质（specialty），从而也形成各不相同的饮食文化（cooking culture）。

西方人在漫长的历史过程中，通过对食品的生产、制造、加工、消费（consumption）、实践等，在饮食方面创造和积累了令人惊羡的具有西方文化特色的物质财富与精神财富。总的来说，西方人在饮食上强调科学与营养（nutrition），所以烹调的全过程都严格按照科学规范行事。由于西方文化主要源于（derive from）古希腊、古罗马文明，后来逐渐扩展（expand to）到法、英、德等欧洲国家，再后来又扩展到美洲，所以西方美食最初主要受意大利风格影响较大，后来到了法、英、德得到较长时间的丰富发展，来到美洲后又产生了极具美洲特色的各种美食。现在世界上公认的西方美食，意大利菜是鼻祖，法国菜是国王，美国菜是新贵（upstart）。在

制作上，西方菜系讲究精益求精、追求完美（perfect），也重视美食与美名、美食与美器、美食与美境的配合，以肉食为主、素食为辅。每逢节日，用餐宗教色彩浓厚，缅怀上帝，并以玩乐为主。当然了，正确使用餐具、酒具等优雅的用餐礼仪，也是接触美食的必修课。

美味法兰西

一提到欧美菜系，人们就不得不对法国菜大加赞赏，法国菜是世界三大著名菜系之一。它的口感之细腻（fine and smooth）、酱料之美味、餐具摆设之华美，简直可称为一种艺术。

法国美食有季节性，强调用料的时令性，在厨师高超技艺的烹饪下，最后的成品像一件件艺术品，无论从视觉上、嗅觉上、味觉上、触觉上都能达到无与伦比的境界，而在食物的品质、服务水准和用餐气氛上，更要求精致的整体表现。法国菜拥有悠久的历史，并与意大利菜有着深厚的历史渊源，近年来不断地精益求精，并将以往的古典菜肴推向所谓的新菜烹调法，调制的方式讲究风味、天然性、技巧性、装饰（decoration）和颜色的配合。法国菜又因地理位置的不同，而含有许多地域性菜肴的特

色。法国北部畜牧业盛行，各式奶油和乳酪让人食指大动；南部则盛产橄榄(olive)、海鲜、大蒜、蔬果和香料。

法国人在材料的选用上较偏好牛肉、小牛肉、羊肉、家禽、海鲜 、蔬菜、田螺、松露（truffle)、鹅肝及鱼子酱，而在配料方面采用大量的酒、牛油、鲜奶油及各式香料。在烹调时，火候是非常重要的一环，如牛、羊肉通常烹调至六、七分熟即可；海鲜烹调时须熟度适当，不可过熟。在酱料的制作上，特别费工夫，其使用的材料很广泛，无论是高汤、酒、鲜奶油、牛油或各式香料、水果等，都运用得非常灵活。

经典菜品

在西方菜品里面，最令人称道的一道菜可能就是法式煎鹅肝（Foie Gras Saute)。当然，它也属于法国菜。煎鹅肝源于2000多年前的罗马人，后来为世人所喜好和称颂，传入法国这片美食的热土。

要烹饪出一道法式煎鹅肝，首先我们要备料。优质鹅肝150g，辅料是胡萝卜片（carrot slices)、茄子片、苹果、土豆、面粉、黑胡椒（black pepper)、红酒（red wine)、烧汁少许。然后，将鹅肝切成片，撒上黑胡椒和盐，蘸上面粉，开火把锅烧热，加入适量油。第三步，把鹅肝放入油中，用中火把两面煎熟，煎熟后的鹅肝会呈现金黄色。0.8厘米左右鹅肝片一般要煎5分钟左右。第四步，把苹果去皮、去核（denucleate)，然后

切成片并且也蘸上面粉，用中火把苹果也煎成金黄色。胡萝卜和土豆泥炸成金黄色，再配上苹果。外国人和中国人的吃法不同，他们喜欢把水果和熟食放在一起食用，这样能起除腻的作用。最后，把烧汁调好后浇在苹果和鹅肝上，配上多种颜色的配菜，如胡萝卜片和茄子（eggplant）片。

当然，要烹饪好法式鹅肝需要丰富的实践经验（experience），我们可以试一试，体味其中的乐趣。

知识链接

1. 松露：松露是一种多生长在松树、栎树、橡树下的一年生天然真菌类植物，幼时内部白色，质地均匀，成熟后变成深黑色，具有色泽较浅的大脑状纹理。松露与肥鹅肝、鱼子酱合称为“世界三大美食珍品”。

2. 意大利地处南欧的亚平宁半岛，优越的地理条件使意大利的食品加工业很发达，其中以面条、奶酪、色拉米香肠著称于世。

3. 法国菜现在分为古典法国菜系、家常法国菜系和新派法国菜系，其中新派法国菜系更加讲究科学健康。

动动手

有条件的同学可以试着做一份法式煎鹅肝与家人分享。

著名诗人

知识点 雪莱和普希金都是文坛巨匠，他们的贡献不仅仅限于某一个时代。

诗人往往都通过诗歌创作抒发情怀、讴歌祖国的大好河山、鞭挞社会丑恶或者传颂人间的真善美，今天大家要了解的就是两位著名的诗人——雪莱和普希金。

雪莱

“冬天来了，春天还会远吗？”我们在生活中经常会听到这句话，它是来自于英国浪漫主义诗人——雪莱。珀西·比希·雪莱（Percy Bysshe Shelley），是英国文学史上最有才华的抒情诗人之一。他一生见识广泛，不仅是个柏拉图主义者，更是个伟大的理想主义者（idealist），他创作的诗歌节奏明快，积极向上，被誉为“诗人中的诗人”。

1792 年，雪莱出生于苏萨科斯郡一个贵族家庭，8 岁的时候就开始尝试写诗歌。在 12 岁的时候，雪莱被送进伊顿贵族学校——伊顿公学接受教育。在学校里，他公然反抗学长和老师的欺负与虐待。1810 年，18 岁的雪莱进入牛津大学（Oxford）学习。深受英国自由思想家休谟和葛德文等人著作的影响，雪莱将他关于上帝、政治和社会等问题的想法写成小册子（booklet）。1811 年，雪莱因发表小册子《无神论的必然性》（*The Necessity of Atheism*）被牛津大学开除。雪莱的父亲是一位墨守成规的乡绅，因为雪莱不愿意公开声明自己与《无神论的必然性》没有关系，就将他逐出家门。

失去了经济来源的雪莱只好在两个妹妹的资助下独自生活。1812 年，雪莱去爱尔兰（Ireland）支持爱尔兰天主教徒的解放事业，并在那里发表了演说，散发《告爱尔兰人民书》以及《成立博爱主义者协会倡议书》。此后的一年里雪莱在英国各地旅行，散发宣传自由思想的小册子。同年 11 月，雪莱完成了叙事长诗《麦布女王》，这首诗富于哲理，抨击宗教的伪善、封建阶级与劳动阶级之间存在的所有的不平等（inequality）。

1816 年，在欧洲游历期间，雪莱在日内瓦湖畔结识了同时代的伟大诗人拜伦，并与他成为好朋友，雪莱后来的作品《朱利安和马达洛》便是以拜伦与自己作为原型来创作的。1822 年 7 月 8 日，雪莱乘坐自己建造的小船“唐璜”号从莱杭渡海返回勒瑞奇，不幸在途中遇到风暴（storm），雪莱以及同船的两人都在这次事故中失去了生命。

普希金

假如生活欺骗了你，
不要悲伤，不要心急！
忧郁的日子里需要镇静：

相信吧，快乐的日子将会来临。
心儿永远向往着未来，
现在却常是忧郁。
一切都是瞬息，
一切都将会过去，
而那过去了的，
就会成为亲切的怀恋。

这首《假如生活欺骗了你》是俄国伟大的诗人亚历山大·普希金（Alexander Pushkin）的作品，它向我们传递着一种积极乐观（optimistic）、豁达、坚强的人生态度。

普希金是俄罗斯民族诗人、小说家，是19世纪俄国浪漫主义文学代表，同时也是批判现实主义文学的奠基人。他还创立了俄罗斯民族文学和文学语言，在诗歌、小说等文学各个领域都作出了卓越贡献。他的著名诗作有《自由颂》《致大海》《致恰达耶夫》《上尉的女儿》等。普希金被誉为“俄国文学之父”、“俄国诗歌的太阳”（高尔基）。

1799年，普希金出生于沙俄莫斯科（Moscow）一个家道中落的贵族家庭，在浓厚的文学（literary）氛围（atmosphere）中长大。童年时代（childhood），他接受家庭教师（private teacher）的教育，8岁时就可以用法语写诗。1811年，普希金进入皇村学校学习，在那里年仅12岁的他就开始了文学创作生涯。1815年，在中学考试中他朗诵了自己创作的《皇村怀古》，表现出了卓越的诗歌写作才能，特别是他诗作韵文的优

美和精巧得到了广泛的赞赏。在皇村学习期间，普希金还接受了法国启蒙思想（enlightenment）的熏陶，初步形成了追求自由的思想。

由于受到自由民主思想的感染，普希金倾向革命（revolution），批判当时的黑暗专制（despotism）。他的思想与作品引起沙皇俄国统治者的不满和仇恨，因而经历了两次流放。但是，这并没有使普希金屈服，反而更加坚定了他追求自由的决心。普希金在他的作品中表现了对自由、对生活的热爱，对光明必能战胜黑暗、理智必能战胜偏见的坚定信仰。《假如生活欺骗了你》就是在普希金被流放时写的，他执著地追求自己的理想，热爱生活。的确，生活中不可能没有痛苦与悲伤，但是在苦恼之时要善于忍耐，要相信欢乐不会永远被忧伤所掩盖，一切都会过去，未来是美好幸福的。就像诗人所说，当越过艰难困苦之后再回首那段往事时，那过去的一切便会变得美好起来。这是普希金人生经验的总结，也是生活的真谛。

知识链接

雪莱名言：

1. 浅水是喧哗的，深水是沉默的。

2. 我们愈是学习，愈觉得自己的贫乏。

3. 一个人如果不是真正有道德，就不可能真正有智慧。精明和智慧是非常不同的两件事。精明的人是精细考虑自己利益的人；智慧的人是精细考虑他人利益的人。

普希金名言：

1. 读书是最好的学习。追随伟大人物的思想，是最富有趣味的一门科学。

2. 有两种模糊：一种源于思想感情的贫乏，只能用语言来替代思想感情；另一种源于语言的贫乏，语言不足以表达丰富的感情。

动动手

优秀的作品带给人们的震撼是无法言语的，只有亲身体会才能真正懂得。

著名学者

知识点

牛顿被誉为人类历史上最伟大、最有影响力的科学家。爱因斯坦是世界十大杰出物理学家之一，是现代物理学的开创者、奠基人和集大成者。

牛顿和爱因斯坦被认为是人类历史上最伟大的科学家，他们都站在了当时科学领域的最高峰。牛顿在天文、地理、数学、神学等方面都有辉煌的成就，爱因斯坦也为我们留下了很多至理名言。

牛顿

艾萨克·牛顿（Isaac Newton）被誉为人类历史上最伟大、最有影响力的科学家（scientist），同时他还是物理学家（physicist）、数学家（mathematician）和哲学家（philosopher）。

一个偶然的事件往往能引发一位科学家思想的闪光。1666 年夏末的一个傍晚，在英格兰林肯州乌尔斯索普（Ur Thorpe），牛顿走进母亲家的花园里，坐在一棵树下，开始埋头读书。当他翻动书页时，头顶的树枝中有样东西晃动起来，一只历史上最著名的苹果落了下来，打在 23 岁的牛顿的头上。而在那时，牛顿正苦苦思索着一个问题：是什么力量使月球保持在环绕地球运行的轨道上，以及使行星保持在环绕太阳运行的轨道上？打到他的这只苹果让他开始思考，为什么这只打中他脑袋的苹果会坠落到地上？正是从这一问题开始，他找到了能回答这些问题的答案——万有引力（gravity）理论。牛顿对于科学研究特别专心。据说有一次牛顿在煮鸡蛋，他一边看书一边干活，糊里糊涂地就把一块怀表扔进了锅里，等水煮开后，揭开一看，才知道错把怀表当鸡蛋煮了。还有一次，牛顿请朋友吃饭，准备好饭菜后，自己却钻进了研究室。于是他的朋友就自己吃完便不辞而别了，牛顿出来时发现桌上只剩下残羹冷饭，以为自己已经吃过了，就回去继续进行研究实验（experiment）。牛顿对于科学研究之专注被传为佳话。

他在 1687 年发表的著作《自然哲学的数学原理》里用数学方法阐明了宇宙中最基本的法则——万有引力定律和三大运动定律，这一体系被认为是“人类智慧史上一个最伟大的成就”。2003 年，英国广播公司（BBC，全称为 British Broadcasting Corporation）发起了一次全球性的评选“最伟大的英国人”的活动，结果牛顿被评为最伟大的英国人之首。在《伟大的英国人》系列纪录片中专门编辑牛顿专集的历史学家特里斯特拉姆 · 亨特表示，全球的公众都意识到牛顿的成就是世界性的，而且对全人类都产生了影响。这个投票显然跨越了国界。

爱因斯坦

1879 年，阿尔伯特·爱因斯坦（Albert Einstein）出生在德国乌尔姆市（Ulm），父亲是电气工程师。在家庭的熏陶下，他很喜欢科学。和牛顿一样，爱因斯坦并不是从小就很聪明，甚至到了三岁还不会说话。在他的整个学习生涯中也没有任何所谓“神童”的表现，在老师眼里他也只是一个平庸迟钝的学生。爱因斯坦对老师呆板的教学方法感到不满，从而具备了很强的独立自主、勤奋自学的探索能力。他在中学时期就自学了包括微积分（calculus）在内的基础数学和一些物理（physics）知识。进入大学后，他也是经常缺课，自己修读了经典理论物理，研究了麦克斯韦电磁理论（Maxwell electromagnetic theory）。

也许有人会认为科学家的生活都是单调乏味的，就是整天坐在实验室（laboratory）里，摆弄各种机器（machine），不停地计算数据。其实，不少科学家的生活是丰富多彩的，爱因斯坦就是一个典型例子。他很小的时候就喜欢运动，一直坚持不懈。在学习或工作十分紧张的情况下，爱因斯坦仍会抽空参加多种文体活动，尤其喜欢爬山、骑车等。爱因斯坦常对人说：学习时间是个常数，它的效率却是个变数，单独追求学习时间是不明智的，最重要的是提高学习效率。他认为必须通过文体活动，才能获得充沛的精力，保持清醒的头脑。爱因斯坦充沛的精力，正是合理休息和经常锻炼的结果。爱因斯坦认为，工作和休息是走向成功之路的阶梯，珍惜时间是有所建树的重要条件。

爱因斯坦不拘于成见，勇于创新（innovate），“怀疑一切”的信条始终贯穿他的整个科学生涯。当然，爱因斯坦的杰出科学成就来自于他坚持不懈的毅力（perseverance）。曾经有人向爱因斯坦请教成功的秘诀，爱因斯坦给他写下了一个公式：$A = X + Y + Z$。他解释说，A 代表成功，X 代表付出的努力和劳动，Y 代表对所研究问题的兴趣，而 Z 表示少说空话，要谦虚谨慎。爱因斯坦说过：“科学研究好像钻木板，有人喜欢钻薄的，而我喜欢钻厚的。”

知识链接

爱因斯坦名言：

1. 提出一个问题往往比解决一个更重要。因为解决问题也许仅是一个数学上或实验上的技能而已，而提出新的问题，却需要有创造性的想象力，而且标志着科学的真正进步。

2. 莫扎特从不为永恒作曲，但是正因为这个理由，所以他的许多作品都是永恒的。

3. 用一个大圆圈代表我学到的知识，但是圆圈之外是那么多的空白，对我来说就意味着无知。而且圆圈越大，它的圆周就越长，它与外界空白的接触也就越大。由此可见，我感到不懂的地方还多得很呢。

动动手

马克思、霍金等也是西方著名的学者，对世界产生了巨大的影响，多了解一下吧。

品牌故事

知识点

香奈儿和星巴克都是全球著名的品牌，每一个成功的企业背后都有自己的故事。

香奈儿（CHANEL）是 1910 年在法国巴黎创立的一个有着百年历史的著名奢侈品牌，产品种类繁多、闻名遐迩。星巴克（Starbucks）则是 1971 年成立于美国的一家全球最大的连锁咖啡公司。

香奈儿

香奈儿（Chanel）是由加布里埃·香奈儿（Gabrielle Chanel）于 1910 年在法国巴黎创办的品牌。现今香奈儿已经是一个有 100 多年历史的著名品牌。香奈儿的产品种类繁多，涉及服装、香水、皮包等多个领域。

创始人香奈儿 1883 年出生于法国的索米尔，儿时在修女院学校（convent school）学习，并且在那里学到了针线技巧。1905 年，香奈儿成为咖啡厅歌手（Café singer），有了自己的艺名 Coco，在不同的咖啡厅唱歌来维持生计。在这段经历中，Coco 结交了两位好朋友，都来自上层社会。1910 年，Coco 在巴黎开了一家女士帽子店铺（millinery shop），她凭借着自己曾经学到的针线技巧，制作款式简单、好看的帽子。那两位朋友为她介绍了很多名流客人。Coco 简单漂亮的帽子受到那些富贵女子的青睐，所以在短短一年之内她的生意一直都呈上升趋势，于是 Coco 就把她的店铺搬到更具时尚气息（fashionable）的 Rue Cambon（康朋街），到现在这里仍然是 Chanel 总部的所在地。

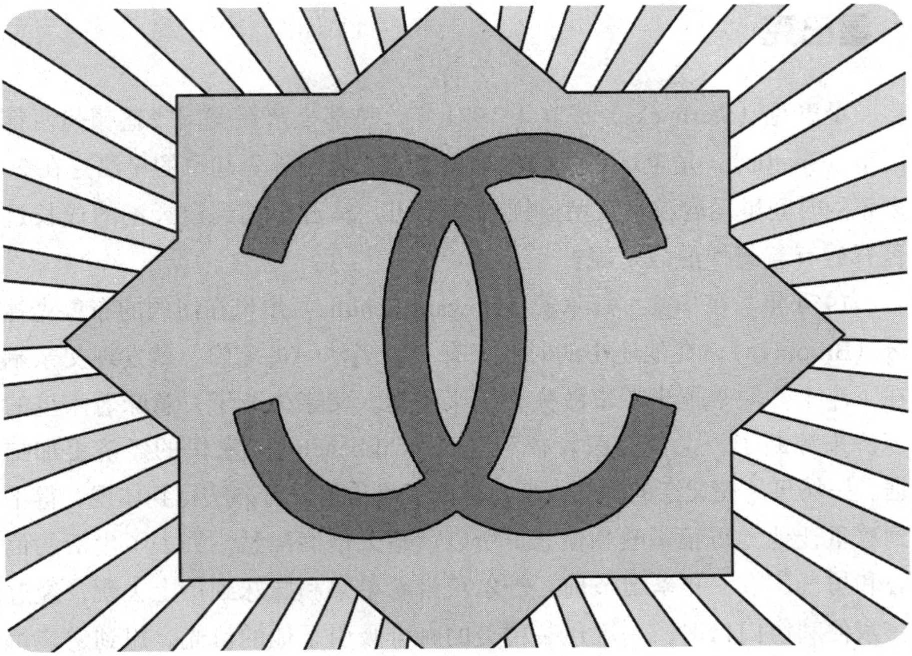

渐渐地，做帽子不能满足 Coco 对时装事业的喜爱，所以她决定进军高级订制服（haute couture）的领域。1914 年，Coco 开设两家时装店，也就在那个时候影响深远的时装品牌 Chanel 正式诞生了。到了 20 世纪 20 年代，Chanel 设计了很多新颖的款式，Coco 的一系列创作给时装界带来了很大的影响。她在时装方面的天赋和对时装美学的独到见解使她结交了很多艺术界的朋友，例如抽象画派大师毕加索（Picasso）。除了时装，Chanel 还在 1921 年推出了著名的 Chanel No.5 香水。

Chanel 一生都没有结婚，她追求自己的理想，创造出了一个伟大的时尚帝国。1971 年，她逝世以后，德国著名设计师 Karl Lagerfeld（卡尔·拉格菲尔德）成为 Chanel 品牌的灵魂人物。自 1983 年开始，他一直担任 Chanel 的总设计师，在他的设计中总是可以领会到“香奈儿”的纯正风范。人们称他为“时装界的凯撒大帝”。

星巴克

星巴克（Starbucks）成立于 1971 年，总部坐落在美国华盛顿州西雅图市（Seattle），是全球最大的咖啡连锁店。靠咖啡豆起家的星巴克在 20 多年的时间里发展成为巨型连锁咖啡集团，从丑小鸭到白天鹅的成长过程背后有着怎样的故事呢？

1954 年，霍华德·舒尔茨（Howard Schultz）出生在纽约的布鲁克林区（Brooklyn）。在他还小的时候，有一天当他一进家门，就发现父亲躺在了床上，原来他出了事故失去了半条腿。父亲失业了，意味着家里的经济来源断了，又没有医疗福利（medical benefit），家里的经济更加拮据。一场事故使父亲的脾气大变，他的人生价值没有办法得到体现，得不到尊重让他觉得很辛酸和愤怒，所以就整天借酒浇愁，失去了生活的信心和勇气。有一年圣诞节前，舒尔茨带着弟弟和妹妹到街上去玩，经过一家便利店门口时，一罐包装精美的咖啡吸引了他的目光。想到父亲每次都在饭桌上抱怨咖啡太难喝，舒尔茨走过去将那个罐子抱在了自己怀里，迅速离开朝着家里跑去。他告诉父亲咖啡是自己在路上捡的，结果便利店的老板找来了，舒尔茨没有逃过父亲的一顿打。于是，他发誓努力奋斗，有一天可以买得起最贵的咖啡。在舒尔茨为上大学的学费发愁的时候，北密歇根大学（Northern Michigan University）的野猫球队看中了他的橄榄球（rugby）技术，他因此获得了北密歇根大学的奖学金（scholarship）。上大学之后，舒尔茨逐渐意识到橄榄球生涯并不是自己想要的，于是他就把全部精力放在了学习上。1975 年他获得商学学士学位后，便进入著名的施乐驻纽约分公司。

3 年后，舒尔茨终于有了可观的佣金，他给父亲买了一箱产自巴西的上等咖啡豆。不久，舒尔茨又跳槽到瑞典厨房塑料用品公司驻美国分公司，之后成为该公司美国分部的副总裁。1981 年，舒尔茨的父亲去世了，整理遗物时，舒尔茨发现了一个木箱，里面装着一个咖啡罐——正是那年圣诞节他送给父亲的。后来，在销售产品时，舒尔茨发现位于西雅图的一家叫“星巴克”的小公司要转让，于是他毅然辞去了工作，接下了那个小公司，把它变成了一家墨绿色的咖啡馆。从此闻名世界的星巴克诞生了。2006 年，舒尔茨跻身《福布斯》400 富豪榜，当时身家已达 10 亿美元以上。

知识链接

毕加索（Picasso，1881—1973），西班牙画家、雕塑家，法国现代画派的主要代表。他和他的画在世界艺术史上占据了不朽的地位，代表作有:《亚威农少女》《瓶子、玻璃杯和小提琴》《格尔尼卡》《梦》等。

动动手

成功的人总是知道自己的梦想是什么，然后朝着那个方向不断努力。你的梦想是什么，能否勾勒出自己向往的世界？

著名大学

知识点 牛津大学和哈佛大学都是世界知名学府，培养了众多杰出人才。

不知道大家想象中的大学是什么样子呢，有没有想过自己在大学里的生活？今天来给大家介绍两所世界著名的大学——英国的牛津大学和美国的哈佛大学。

牛津大学

牛津大学（University of Oxford，简称 Oxon）于 1167 年建校，是英语世界中最古老的大学，也是享有世界声誉的知名学府。

牛津（Oxford）是英国泰晤士河（the Thames）谷地的主要城市，传说那里是牛群涉水而过的地方，因此取名牛津。因为有着世界一流的学府和名胜古迹，牛津闻名于世。大学依旧是学校，通常学校总是会有校园，有大门，有围墙等。但是，牛津大学却不同于其他的大学，它不仅没有校门和围墙，

而且连正式招牌（signboard）也没有。城市与大学完全融为一体，城市的街道就从校园中穿过。牛津城的建筑古色古香，有着不同年代的不同风格，因此置身其中会有强烈的历史感。英国人更是把牛津当作一种传统，一种象征，在那里可以追寻昔日的脚步，回忆美好

的过去。所以，在英国有一句民谚："穿过牛津城，犹如进入历史。"

一直以来，说到牛津大学，就不得不提到剑桥大学（University of Cambridge），甚至在英语里有一个专有名词：Oxbridge（牛桥）。当然，这两所大学还是有很明显的不同之处。有人对牛津大学和剑桥大学做了分析，牛津大学会问："What do you think？"，剑桥大学会问："What do you know？"从这个例子可以看出来，牛津大学更注重思想（thought），而剑桥大学更注重求知（learning）。这大概就可以解释牛津大学出了 30 名首相，而剑桥大学出了 88 位诺贝尔奖获（the Nobel Prize）获得者。

一般还有一种看法是牛津大学的人文科学（the arts and humanities）更强一些，剑桥的理学（science）和工程技术（engineering）更有优势。在英国每年都有大学排名，两校通常是交替为第一、二名。近年来高新技术（high and new technology）比较占优势，剑桥在此领域一直比较强势，所以排在前面的次数要多一些。另外，牛津在人文方面的优势一般很难单纯地从学术上去统计，因为世界上最著名的学术杂志，如 *Nature*，*Science* 等都是属于理工类。

哈佛大学

美国是在 1776 年建国的，而作为全美第一所大学的哈佛大学（Harvard University）始建于 1636 年，比美国建国还要早大约 140 年。哈佛大学位于美国波士顿（Boston）附近的剑桥城（Cambridge City），校训为"真理"（Veritas）。

15 世纪末，哥伦布（Columbus）开辟了从欧洲（Europe）通往美洲（America）的大西洋航道（Atlantic channel）以后，许多欧洲人纷纷远涉重洋来到美洲。17 世纪初，第一批英国移民到达北美洲（North America），他们在那里开拓了自己的"伊甸园"——新英格兰（New England）。在当时的移民中有

100多名清教徒，他们曾在牛津大学和剑桥大学受过古典式的高等教育，为了让他们的子孙后代在新的家园也能够受到这种教育，他们于1636年在马萨诸塞州（Massachusetts）的查尔斯河畔建立了美国历史上第一所学府——哈佛学院。也正是因为哈佛学院最初的建立者当中有很多人都是剑桥大学的毕业生（graduate），所以学院所在的城市也就被命名为剑桥城。

哈佛大学现在的名字来源于一位名叫约翰·哈佛（John Harvard）的学院院长，这位院长去世时，将自己积蓄的一半和400本图书捐赠（donate）给这所大学。后来经过议院的投票，决定将这所大学命名为哈佛大学。为了纪念他，在哈佛大学的校园里，有一尊写着哈佛先生名字的塑像（statue），但是据说这座雕像所雕刻的并不是哈佛先生本人。由于哈佛先生没有留下任何的影像资料，当后人计划修建这样一尊雕塑时也就没有了模板，设计师就凭借自己的想象制作出了一个绅士的形象。

历史上，哈佛大学的毕业生中共有8位曾当选为美国总统，例如约翰·亚当斯、西奥多·罗斯福、富兰克林·罗斯福、约翰·肯尼迪、乔治·沃克·布什和美国现任总统奥巴马。哈佛大学的教授团中还产生了34名诺贝尔奖得主。

知识链接

哈佛大学图书馆里的名言：

1. This moment will nap，you will have a dream; But this moment study，you will interpret a dream.

此刻打盹，你将做梦；而此刻学习，你将圆梦。

2. Has not been difficult，then does not have attains.

没有艰辛，便无所获。

动动手

除了这两所大学，西方的知名大学还有很多，例如耶鲁大学、剑桥大学、麻省理工学院等，大家自己了解一下。

体育明星

知识点　体育赛事一直是人们关注的话题，那些体育明星当然也不例外。

跑步、足球、篮球、羽毛球、游泳……这么多的体育运动，哪一个是你最喜欢的呢？而说到这每一项体育运动，都会有一个代表性的人物，也就是我们所说的体育明星了。

高尔夫与伍兹

高尔夫（golf）是一种室外体育运动，关于它的起源，流传最广的是起源于苏格兰。据说古时候一位苏格兰的牧人在放牧时，偶然用一根棍子将一颗圆石打进了野兔洞中。人们从中得到启发，发明了后来被称为高尔夫球的运动。位于英格兰伯明翰市（Birmingham）内小希夫（Small Heath）地区的圣安德鲁斯球场（St Andrew's）被认为是高尔夫的圣地（the Holy Land），每一个高尔夫球手最大的愿望就是能到那里打一场高尔夫球。

艾德瑞克·泰格·伍兹（Eldrick Tiger Woods）是美国的高尔夫球手，截止 2009 年被公认为最成功的高尔夫球手之一。泰格·伍兹小时候就表现出来了非凡的（extraordinary）高尔夫天赋，在他 5 岁时就上了《高尔夫文摘》（*Golf Digest*）杂志。儿童时代泰格·伍兹的家庭条件并不是很好，为了减轻父母的经济负担，懂事的小泰格就在课余时间瞒着父母跑到高尔夫球场做球童，这样就可以挣到小费。泰格·伍兹 18 岁时就已经成为了最年轻的美国业余比赛冠军（champion）。

从历史上第一个职业高尔夫黑人球员，到坐上世界排名第一的宝座，伍兹只用了不到三年的时间。而在上一代的高球王者——“金熊”尼克劳斯（Niklaus）退役之后，泰格已经成了当今高尔夫球界无可争辩的王者。

篮球与科比

1891 年 12 月初，美国马萨诸塞州（Massachusetts）斯普林菲尔德（Springfield）市基督教青年会国际训练学校（后为春田学院）的体育教师詹姆斯·奈史密斯（James Naismith）博士发明了篮球（basketball）。后来，篮球项目发展成为美国国内的第三大运动以及世界第十大球类运动，人们为了纪念奈史密斯博士发明了篮球的功绩，就在春田学院校园内修建了美国篮球名人馆——詹姆斯·奈史密斯纪念馆。

1978 年 8 月 23 日，科比·布莱恩特（Kobe Bryant）出生在美国宾夕法尼亚州费城，是前 NBA 篮球运动员乔·布莱恩特的儿子。在科比高中四年级时，他带领球队拿到了宾州 50 年来第一个州级冠军，他的高中篮球教练格雷格·唐纳（Greg Downer）对他给予了很

高的评价：具有统治力的全能球员。最终 17 岁的科比成为 NBA 历史上第 6 位直接从高中进入 NBA 选秀的球员。自 1996 年起科比效力于 NBA 洛杉矶湖人队，2008 年获得 NBA 最有价值球员奖。

在打篮球的同时，科比还积极投身于慈善事业，通过各种途径帮助贫困儿童。许愿基金会（Make-A-Wish Foundation）、美国男孩女孩俱乐部（Boys & Girls Clubs of America）等是他慈善活动重要的舞台。科比还发起了他自己的基金会：科比 · 布莱恩特家庭基金会（Kobe Bryant Family Foundation），并且与中国宋庆龄基金会（China Soong Ching Ling Foundation）签署合作协议，成立了科比中国基金会。

足球与罗纳尔多

足球（football）运动，是目前全球体育界最具影响力的单项体育运动，被誉为“世界第一大运动”。足球运动有着很长的历史，最早起源于中国古代的一种叫做“蹴鞠”的球类游戏，后来由阿拉伯人传到欧洲，发展成为现代足球。

1857 年，世界上第一个足球俱乐部——谢菲尔德俱乐部（Sheffield F.C.）成立。FIFA 世界杯（FIFA World Cup）是由国际足球联合会（Federation International Football Association）统一领导和组织的世界性的足球比赛，是世界上规模最大、影响最大、水平最高的国家队足球比赛，与 IOC（International Olympic Committee）奥运会、IRB 橄榄球世界杯赛并称为世界三大顶级赛事。该比赛中夺冠次数最多的为巴西足球国家队，共夺得五次世界杯冠军。

1976 年，罗纳尔多（（Ronaldo）出生在巴西（Brazil）里约热内卢

（Rio de Janeiro）郊外贫困的本托 – 里贝罗区，喜欢足球的他经常在街头踢球。他的第一个著名进球是在 1982 年，他在代表里贝罗少年队的比赛中破门。1989 年，年仅 13 岁的罗纳尔多被巴西国内的豪门俱乐部弗拉门戈队（Flamengo）相中，但是由于无法支付高昂的学费而不得不放弃。1990 年，罗纳尔多的恩师——巴西传奇射手雅伊尔津霍（Jairzinho），将 14 岁的罗纳尔多推荐到了克鲁塞罗队（Cruzeiro），自此他开始了走向国际级巨星的辉煌道路。罗纳尔多凭借自己过人的运动天赋、高超的足球技艺迅速成为巴西足坛一颗冉冉升起的新星。后来，人们叫他“外星人”。

知识链接

世界十大球类运动：足球、板球、曲棍球、网球、排球、乒乓球、棒球、高尔夫、美式橄榄球、篮球。

动动手

和大家分享一下你最喜欢的运动和球星吧。